电网企业
Python数据分析基础与应用

张旭东 陈山 ◻ 主编

企业管理出版社
ENTERPRISE MANAGEMENT PUBLISHING HOUSE

图书在版编目（CIP）数据

电网企业Python数据分析基础与应用 / 张旭东，陈山主编. --北京：企业管理出版社，2023.11

ISBN 978-7-5164-2964-8

Ⅰ.①电… Ⅱ.①张… ②陈… Ⅲ.①电力工业—工业企业管理—数据管理—研究 Ⅳ.①F426.61

中国国家版本馆CIP数据核字（2023）第189284号

书　　名：	电网企业Python数据分析基础与应用
书　　号：	ISBN 978-7-5164-2964-8
作　　者：	张旭东　陈　山
责任编辑：	张　羿　赵　琳
出版发行：	企业管理出版社
经　　销：	新华书店
地　　址：	北京市海淀区紫竹院南路17号　　邮　　编：100048
网　　址：	http://www.emph.cn　　电子信箱：qygl002@sina.com
电　　话：	编辑部（010）68416775　　发行部（010）68701816
印　　刷：	北京亿友创新科技发展有限公司
版　　次：	2023年11月第1版
印　　次：	2023年11月第1次印刷
开　　本：	710mm×1000mm　1/16
印　　张：	12.5
字　　数：	215千字
定　　价：	68.00元

版权所有　翻印必究　·　印装有误　负责调换

《电网企业 Python 数据分析基础与应用》编委会

主　　编：张旭东　陈　山

副 主 编：叶　碧　完泾平

参编人员：宣　羿　韩保礼　张澄心　杨　谊
　　　　　陈甜妹　吕斌斌　王　龙　张永建
　　　　　林定海　张建松　孙智卿　谢裕清
　　　　　张　莹

前言
PREFACE

随着新型电力系统、企业数字化转型的提出，数据在电网企业中的作用日益凸显。通过数据分析，电网企业员工能够合理利用数据资源，准确、客观地完成相关企业业务，同时推动新型电力系统建设、加速企业数字化转型。

本书面向电网企业员工，介绍在电网企业中如何利用 Python 进行基础数据分析，使电网企业员工掌握基础的数据分析技术，内容包括如何使用 Python 数据处理库，如何使用 Python 处理 Excel、Word 结构的文件或报表，以及如何对网络数据进行获取和解析。

本书共有 5 章，第一章为电网企业数据分析与应用概述，对全书背景进行介绍；第二章为常用 Python 数据处理库的使用，将介绍 NumPy、Pandas、Matplotlib 等常见 Python 数据处理库的使用；第三章为 Python 自动化办公库的使用，将介绍如何使用 xlrd、xlsxwriter、xlwings、Python-docx 等第三方库对电网企业中常见的报表、文档数据进行自动化分析处理；第四章为电网企业网络数据获取，将介绍如何使用 urllib、requests 库获取必备的网络数据；第五章为网络数据解析方法，介绍在获取网络数据后，如何使用正则表达式、XPath 对获取的数据进行解析。

学习本书，读者需要掌握基础的 Python 编程技巧，了解 Python 中的函数、数据类型、分支与循环结构等基础知识。在本书的 5 章内容中，第二章是第三章、第四章和第五章的前置知识，读者只有充分掌握数据处理库的知识，才能学习第三章、第四章和第五章；第四章是第五章的前置知识，读者需要先学习第四章，才能更好地了解第五章的内容。

2023 年 9 月

编者

目录

CONTENTS

第一章　电网企业数据分析与应用概述 ·· 1
　　第一节　电网企业数据分析与应用的重要意义 ································ 1
　　第二节　Python 在数据分析中的作用 ·· 2

第二章　常用 Python 数据处理库的使用 ·· 5
　　第一节　数据处理库概述 ·· 5
　　第二节　NumPy 的安装与使用 ··· 6
　　第三节　Pandas 的安装与常用函数 ··· 22
　　第四节　Matplotlib 的安装与使用 ··· 40
　　第五节　其他有关数据处理的 Python 库 ···································· 51
　　第六节　综合案例 ··· 51

第三章　Python 自动化办公库的使用 ·· 59
　　第一节　自动化办公概述 ··· 59
　　第二节　xlrd 的安装与使用 ·· 59
　　第三节　xlsxwriter 的安装与使用 ··· 66
　　第四节　xlwings 的安装与使用 ·· 74
　　第五节　Python-docx 的安装与使用 ·· 88
　　第六节　综合案例 ·· 109

第四章　电网企业网络数据获取 ·· 115
　　第一节　网络数据获取概述 ·· 115
　　第二节　urllib 的使用 ·· 117
　　第三节　requests 库的安装与使用 ··· 133

· 1 ·

第五章　网络数据解析方法 ·················· 153
第一节　网络数据解析概述 ················ 153
第二节　正则表达式 ···················· 155
第三节　XPath 相关库的安装与使用 ··········· 166
第四节　综合案例 ···················· 180

参考文献 ························· 189

第一章

电网企业数据分析与应用概述

第一节 电网企业数据分析与应用的重要意义

当前社会已经进入互联网时代，信息爆炸、万物互联、数据涌现，各行各业正经历着物联网、大数据、人工智能等一系列新技术浪潮的冲击，数字新技术与经济社会各个领域深度融合，人们的工作、生活方式正在被颠覆和改变，全球经济向数字经济转型势在必行。党的二十大报告中强调要加快建设"数字中国"，在此背景下，数字经济已成为我国新一轮科技革命和产业变革的重要引擎，是经济社会高质量发展的核心驱动力。

电网连接着电力生产和消费，是重要的网络平台，是能源转型的中心环节。构建新型电力系统、促进能源清洁低碳转型要求数字技术与实体电网深度融合，因此，提高电网数字化水平是数字经济发展的必要趋势。新型数字技术崛起，对电能的发、输、变、配、用及监管等各个环节都产生了深刻的影响，在新型电力系统中必将吸纳更多电力数据信息、融合更多数字化新技术。

随着新型数字技术的发展与电网数字化水平的提升，电网将逐渐实现信息化、智慧化、互动化，改变传统能源电力的配置方式，由部分感知、单向控制、计划为主转变为高度感知、双向互动、智能高效。通过数字化转型赋能，能够进一步优化电网业务、拓展新兴业务、对传统电网进行改造升级，实现能源互联互通和共享共济，发挥电网优化能源资源配置作用，助力数字强国建设，服务经济社会高质量发展。

在众多数字技术中，大数据技术对建设新型电力系统起到了重要作用。在大数据技术中，对海量的、多元的电力大数据进行分析，优化电力系统生产运行方式，合理消纳间歇式可再生能源，推动电力工业由高耗能、高排放、低效率向低耗能、低排放、高效率的绿色发展方式转变，引领全社会的低碳用能。通过电力数据与经济数据、政务数据、交通运输数据等外部数据融合，可为社会多个领域提供智能化的服务，促进经济社会发展。

数据也是电网企业保持可持续竞争优势和挖掘潜在机会的重要引擎。一方面，如果企业能够不断地、最大化地获取、开发、加工和利用数据资源，就能实现组织流程、企业业务与数据资源的高度契合；另一方面，企业决策方式也将从依靠管理者经验和直觉的模糊决策转变为数据辅助经验的科学决策。数据不仅能够减少管理者由于信息处理能力不足和决策经验惯性产生的选择偏误，也能从认知层面重构管理者的数字化思维，从而提高企业运营效率和效益，提升企业的竞争力和盈利能力。

因此，电网企业基层员工都需要掌握一定的数据分析技术，管理者、经营决策人员需要具备一定的数据思维，才能合理地利用数据资源，准确、客观地完成相关企业业务，推动新型电力系统建设，保持企业的竞争优势。本书面向电网企业员工，介绍在电网企业中如何进行基础数据分析，让电网企业员工掌握基础的数据分析技术并具备相关的数据思维。

第二节　Python 在数据分析中的作用

在数据分析和应用领域，Python、R 语言和 SAS 等都是非常受欢迎的编程工具。Python 和 R 语言都是开源的，普遍应用于多个行业；而 SAS 为商业付费软件，是金融和医疗行业的标准数据分析工具。

数据分析需要和数据进行大量的交互，掌握探索性计算及数据结果可视化等技术。Python 中有大量的第三方库可供使用，目前已有超过 15 万个第三方包。相比于 R 语言等，Python 具有适合大数据分析的第三方库，比如 NumPy、Pandas、Matplotlib、SciPy、Scikit-learn 等可以实现数据统计、数据的可视化、机器学习等功能，从而可以完成不同的数据分析任务。另外，Python 还支持使用 TensorFlow、PyTorch 等第三方库实现深度学习、强化学习等高级大数据分析任务。

2017 年，Python 成了年度最受欢迎的编程语言，受到了众多编程人员的青睐。Python 中丰富的库在快速开发时展现出非常大的优势，在大数据分析与应用中都不可避免地使用 Python，成为继 C++ 和 Java 之后的第三大语言。

相比其他编程语言（比如 C 语言），Python 开展大数据分析的代码非常简单，上手容易，非常适合初学者。当我们要完成某个功能，Python 的代码量可能是 C 语言的十分之一，如果使用 Python 来写程序，工作效率会显著提高。

本章小结

本章介绍了电网企业中数据分析的重要意义，以及 Python 在数据分析中的作用。通过对本章的学习，读者应意识到数据分析技术可以解决工作中的诸多问题，进一步推动企业的数字化转型。

第二章

常用 Python 数据处理库的使用

第一节　数据处理库概述

NumPy（Numerical Python）是 Python 语言的一个扩展程序库，支持大量的维度数组与矩阵运算，也针对数组运算提供大量的数学函数库。NumPy 的前身 Numeric 最早是由 Jim Hugunin 与其他协作者共同开发的。2005 年，Travis Oliphant 在 Numeric 中结合了另一个同性质的程序库 Numarray 并加入了其他扩展而开发了 NumPy。NumPy 是一个运行速度非常快的数学库，主要用于数组计算，可创建一个强大的 N 维数组 ndarray，具有广播、线性代数、傅里叶变换、随机数生成等功能。

Pandas 作为 Python 的扩展程序库，是一个高性能、高效率、高水平的数据分析库。Pandas 具备快速便捷处理结构化数据的数据结构和函数，并且具备 NumPy 的高性能数组计算功能。另外，还具备电子表格和关系型数据库（如 SQL）的数据处理功能。Pandas 具备复杂、精细的索引功能，以便更加便捷地完成数组、表格的切片切块、重塑、聚合、选取数据子集等操作。Pandas 可以处理异构类型列的表格数据（SQL 表格或 Excel 数据）、有序和无序（不一定是固定频率）的时间序列数据、具有行列标签的任意矩阵数据（均匀类型或不同类型）、任何其他形式的观测或统计数据集等多种数据类型。

Matplotlib 是 Python 的绘图库，它可与 NumPy 一起使用。它以各种硬拷贝格式和跨平台的交互式环境产生多种图形。通过 Matplotlib，开发者仅需要几行代码便可以生成绘图。

第二节　NumPy 的安装与使用

一、NumPy 的安装

和所有的 Python 扩展库一样，NumPy 可以通过 pip 或使用 wheel（可简称为 whl）文件进行安装。如果使用 pip 安装，那么执行如下所示的命令即可。

```
pip install numpy
```

pip 安装需要能访问 NumPy 官网，在没有网络的情况下可提前下载好 wheel 文件。wheel 文件所在的网站为 https://pypi.org/project/numpy/。

下载对应版本的 wheel 文件，如版本为 1.21.5，则下载 numpy-1.21.5-cp310-cp310-win_amd64.whl 即可，然后进入 wheel 文件目录，执行以下命令即可。

```
pip install numpy-1.21.5-cp310-cp310-win_amd64.whl
```

NumPy 也可以通过 Anaconda 安装。Anaconda 提供了 Python 的科学计算环境，里面自带了 Python 及其常用的库。

安装完成后，进入 Python 命令行交互模式，导入 NumPy 包。如果没有报错，则证明安装成功。

```
$ Python3
>>> import numpy
```

以下为部分 NumPy 相关的网站，读者可访问配合本书学习。

- 官方网站：https://numpy.org/
- GitHub：https://github.com/numpy
- 官方文档：https://numpy.org/doc/

二、创建数组对象

（一）ndarray 对象

ndarray 是 N 维数组对象，是一系列同类型数据集合，以 0 下标为开始进行集合中元素的索引，其内部结构如图 2-1 所示。

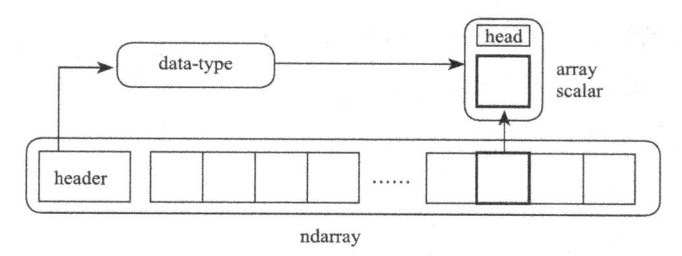

图 2-1 ndarray 内部结构

在图 2-1 中，data-type 表示数据类型，ndarray 具有 dtype、shape、stride 属性。dtype 描述数组中每个元素的大小；shape 表示数组形状的元组，描述数组各维度大小；stride 表示跨度元成，描述前进到当前维度下一个元素需要跨过的字节数，这些元素也是构成 ndarray 的必要元素。

关于 ndarray 的更多属性说明，如表 2-1 所示。

表 2-1　ndarray 相关属性说明

属性	说明
ndim	返回 int，表示数组的维数
shape	返回 tuple，表示数组的尺寸，对于 n 行 m 列的矩阵，形状为 (n,m)
size	返回 int，表示数组的元素总数，等于数组形状的乘积
dtype	返回 data-type，描述数组中元素的类型
itemsize	返回 int，表示数组中每个元素的大小（以字节为单位）

创建数组对象可调用 NumPy 的 array 函数。

```
numpy.array(object, dtype = None, copy = True, order = None, subok = False, ndmin = 0)
```

其中，object 表示数组或嵌套的数列数据类型；dtype 表示数组元素的数据类型，是可选参数；copy 表示对象是否需要复制，也是可选参数；order 表示创建数组的样式，C 为行方向，F 为列方向，A 为任意方向，默认为 A；subok 表示默认返回一个与基类类型一致的数组；ndmin 表示指定生成数组的最小维度。

如需查看数组的各个属性，可直接使用".属性名"进行查看。

(1) 查看数组的维度,使用 .shape。

```
print ("数组维度为:",arr1.shape)
```

(2) 查看对象的元素类型,使用 .dtype。

```
print ("数组类型为:",arr1.dtype)
```

(3) 查看元素个数,使用 .size。

```
print ("数组元素个数为:",arr1.size)
```

(4) 查看每个元素大小,使用 .itemsize。

```
print ("数组每个元素大小为:",arr1.itemsize)
```

(二) arange()

arange 是创建数组时比较常用的函数,其函数声明如下所示。

```
numpy.arange(start, stop, step, dtype)
```

根据 start 与 stop 指定的范围,以及 step 设定的步长,生成一个 ndarray。start 是数组的开始数值,创建的数组包含该值,默认的起始值是 0,是可选参数; stop 是数组的结束数值,创建的数组不包含该值,是必选参数; step 是数值元素值之间的步长,默认为 1,是可选参数; dtype 是输出数组的类型,如果没有,则从其他输入参数推断数据类型。

使用 arange 创建 ndarray,生成 0~4 的数组,类型为 float,代码及结果如下所示。

```
in      import numpy as np
        x = np.arange(5, dtype = float)
        print (x)
out     [ 0.  1.  2.  3.  4.]
```

(三) 创建特殊 ndarray 对象

作为高性能数学计算的基础包,NumPy 中提供了多种函数可以满足特殊数组,如等差数组、对角矩阵数组等的创建要求。

(1) 使用 linspace 函数创建等差数组。

```
in      print(np.linspace(start=1,stop=20,num=10))
```

```
out      [ 1.  3.11111111  5.22222222  7.33333333  9.44444444 11.55555556
         13.66666667 15.77777778 17.88888889 20.         ]
```

（2）使用 linspace 函数创建等比数列，注意该函数中的 start 和 stop 均表示 10 的幂。

```
in       print(np.linspace(start=0,stop=2,num=4))
out      [ 1.  4.64158883  21.5443469  100. ]
```

（3）使用 zeros 函数创建全为 0 的数组。

```
in       print(np.zeros((2,3)))
out      [[0. 0. 0.]
         [0. 0. 0.]]
```

（4）使用 eye 函数创建单位矩阵。

```
in       print(np.eye((3))
out      [[1. 0. 0.]
         [0. 1. 0.]
         [0. 0. 1.]]
```

（5）使用 diag 函数创建对角矩阵。

```
in       print(np.diag([1,2,3,4])
out      [[1 0 0 0]
         [0 2 0 0]
         [0 0 3 0]
         [0 0 0 4]]
```

三、数组操作函数

下面介绍 NumPy 中对数组进行操作的函数，包括改变数组形状和数组的拼接拆分等。

（一）改变数组形状

NumPy 中有多个函数可以改变数组形状，最常用的有 reshape、ravel 和 flatten 函数。

（1）使用 reshape 函数改变数组形状。

```
in       arr=np.arange(12)
         print('创建的一维数组为：',arr)
```

out	print('改变形状的数组: \n',arr.reshape(3,4)) 创建的一维数组为: [0 1 2 3 4 5 6 7 8 9 10 11] 改变形状的数组: [[0 1 2 3] [4 5 6 7] [8 9 10 11]]

（2）使用 ravel 函数展平数组，该函数横向展平数组。

in	arr=np.arange(12).reshape(3,4) print('创建的二维数组为: \n',arr) print('数组展平后为: ',arr.ravel())
out	创建的二维数组为: [[0 1 2 3] [4 5 6 7] [8 9 10 11]] 数组展平后为: [0 1 2 3 4 5 6 7 8 9 10 11]

（3）使用 flatten 函数也可以展平数组，该函数支持从横向、纵向两个方向展平数组，默认为横向展平。如需纵向展平，则需设定 order 参数为 F。

in	arr=np.arange(12).reshape(3,4) print('创建的二维数组为: \n',arr) print('数组展平后为: ', arr.flatten(order='F'))
out	创建的二维数组为: [[0 1 2 3] [4 5 6 7] [8 9 10 11]] 数组展平后为: [0 4 8 1 5 9 2 6 10 3 7 11]

（二）数组组合与分割

数组组合最常用的函数有 hstack、vstack 和 concatenate，数组分割最常用的函数有 split、vsplit 和 hsplit。

（1）使用 hstack 函数实现数组横向组合，该函数的传入参数为元组，因此，需要将组合的数组变为元组，同时要求组合的数组具有相同的行数。

in	arr1=np.arange(5) arr2=np.arange(5,11) print(np.hstack((arr1,arr2)))
out	[0 1 2 3 4 5 6 7 8 9 10]

（2）使用 vstack 函数实现数组横向组合，该函数的传入参数也为元组，因此，需要将组合的数组变为元组，同时要求组合的数组具有相同的列数。

```
in      arr1=np.arange(5)
        arr2=np.arange(5,10)
        print(np.vstack((arr1,arr2)))
out     [[0 1 2 3 4]
         [5 6 7 8 9]]
```

（3）使用 concatenate 函数也可实现数组的组合，该函数通过 axis 控制组合方向，代码及结果如下所示。

```
in      arr1=np.array([[1,2]])
        arr2=np.array([[3,4],[5,6]])
        print(np.concatenate((arr1,arr2),axis=0))
        print(np.concatenate((arr1.T,arr2),axis=1))#.T表数组转置
out     [[1 2]
         [3 4]
         [5 6]]
        [[1 3 4]
         [2 5 6]]
```

（4）使用 hsplit 函数实现数组横向分割，代码及结果如下所示。

```
in      arr3=np.arange(0,16).reshape(4,4)
        np.hsplit(arr3,2)
out     [array([[ 0,  1],
               [ 4,  5],
               [ 8,  9],
               [12, 13]]), array([[ 2,  3],
               [ 6,  7],
               [10, 11],
               [14, 15]])]
```

（5）使用 vsplit 函数实现数组纵向分割，代码及结果如下所示。

```
in      arr3=np.arange(0,16).reshape(4,4)
        np.vsplit(arr3,2)
out     [array([[0, 1, 2, 3],
               [4, 5, 6, 7]]), array([[ 8,  9, 10, 11],
               [12, 13, 14, 15]])]
```

（6）使用 split 函数也可实现数组的分割，同样的，该函数也通过 axis 控制组合方向，代码及结果如下所示。

```
in      arr3=np.arange(0,16).reshape(4,4)
        print(np.split(arr3,2,axis=0))
        print(np.split(arr3,2,axis=1))
out     [array([[0, 1, 2, 3],
               [4, 5, 6, 7]]), array([[ 8,  9, 10, 11],
               [12, 13, 14, 15]])]
        [array([[ 0,  1],
               [ 4,  5],
               [ 8,  9],
               [12, 13]]), array([[ 2,  3],
               [ 6,  7],
               [10, 11],
               [14, 15]])]
```

四、生成随机数

NumPy 有一个 random 模块，可用于生成随机数组。

（1）生成含有 10 个 0~1 之间随机数的随机数组，代码及结果如下所示。

```
in      print('生成的随机数组为：',np.random.random(10))
out     生成的随机数组为：
        [ 0.19465919  0.02352985  0.07428882  0.37674877  0.59939075
          0.72791717  0.51065072  0.49668613  0.63067887  0.33428621]
```

（2）生成 n~m 范围内的一个随机整数，代码及结果如下所示。

```
in      print('生成的随机数组为：\n',np.random.randint(5,10))
out     生成的随机数组为： 9
```

（3）生成服从标准正态分布的随机数组，大小为 3×3，代码及结果如下所示。

```
in      print('生成的随机数组为：',np.random.normal(0,0.1,(3,3)))
out     生成的随机数组为：
        [[-0.01324882 -0.05697303 -0.11098531]
         [-0.07199801  0.18047486 -0.01701769]
         [-0.05901889  0.06867659 -0.03714651]]
```

（4）生成给定上下范围的随机数，如创建一个最小值不低于 2、最大值不高于 10 的 2 行 5 列数组，代码及结果如下所示。

```
in      print('生成的随机数组为：',np.random.randint(2,10,s=[2,5]))
```

| out | 生成的随机数组为：[[6 6 6 6 8] [9 6 6 8 4]] |

另外，random 模块中还有其他常用的随机数生成函数，如表 2-2 所示，具体用法可参考 NumPy 官方 API，这里不再展开说明。

表 2-2   random 模块常用随机数生成函数

函数	说明
numpy.random.seed()	确定随机数生成器的种子
numpy.random.Permutation()	返回一个序列的随机排列或返回一个随机排列的范围
numpy.random.Shuffle()	对一个序列进行随机排序

五、NumPy 广播

ndarray 支持直接使用运算符号，此时运算是作用在相应的元素上的。

```
in      a = np.array([1,2,3,4])
        b = np.array([10,20,30,40])
        X = a * b
        print (X)
out     [ 10  40  90 160]
```

这就要求进行运算的数组形状相同，但如果两个 ndarray 的形状不同，进行运算时将会自动触发广播机制。

```
in      a = np.array([[ 0, 0, 0], [10,10,10], [20,20,20], [30,30,30]])
        b = np.array([1,2,3])
        print(a + b)
out     [[ 1  2  3]
         [11 12 13]
         [21 22 23]
         [31 32 33]]
```

广播机制相当于在二维数组上重复多次再运算。NumPy 中广播的规则如下所述。

（1）所有输入数组都向其中形状最长的数组看齐，形状中不足的部分都通过在前面加 1 补齐。

（2）输出数组的形状是输入数组形状的各个维度上的最大值。

（3）如果输入数组的某个维度和输出数组的对应维度的长度相同或其长度

为1，那么这个数组能够用来计算，否则会出错。

（4）当输入数组的某个维度的长度为1，沿着此维度运算时都用此维度上的第一组值。

六、NumPy 索引

（一）基本索引

ndarray 的索引和 Python 中的列表索引一样，可以通过索引或切片来访问和修改。

```
in    import numpy as np
      arr = np.arange(5)
      print ('arr[4]索引结果为:',arr[4])
out   arr[4]索引结果为: 4
```

对多个连续的元素进行索引。

```
in    import numpy as np
      arr = np.arange(5)
      print ('索引结果为:',arr[2:4])
out   索引结果为: [2 3]
```

ndarray 数组通过设置 start、stop 及 step 参数进行索引，从而可在原数组中切割出一个新数组。

```
in    import numpy as np
      arr = np.array([[1,2,9,0],[3,4,1,8],[4,2,8,5]])
      print ('索引结果为:',arr[2,2:3])
out   索引结果为: [8]
```

多维数组也支持使用整数和布尔值索引访问数据，如从两个序列对应的位置去除两个整数组成下标。

```
in    arr[0,1],arr[1,2],arr[2,3]
      print('索引结果为: ',arr[[(0,1,2),(1,2,3)]])
out   索引结果为: [2  6  10]
```

（二）布尔索引

ndarray 支持布尔索引，下面通过案例进行说明。

我们有 region 和 power 两个 ndarray，region 表示某市 6 个行政区，power 为

多维数组，每一行表示不同行政区 3 个月的用电量。region 中的行政区顺序与 power 中每行的顺序一一对应，如果想要获取"中心区""湖畔区"两个行政区的用电量，可以使用布尔索引。

```
region=np.array(['四里区','北农区','中心区','湖畔区','高新区','外城区'])
power=np.array([[14328.1,14672.5,14357.9],
                [12462.2,12587.3,12510.6],
                [15902.1,15841.3,15895.4],
                [15671.2,15572.8,15523.2],
                [17681.5,17895.4,17742.7],
                [21462.8,24785.7,23467.6]])
print(power[region=='中心区'])
print(power[region=='湖畔区'])
```

最终，便可获取两个区域的 3 个月用电量。

```
[[ 15902.1  15841.3  15895.4]]
[[ 15671.2  15572.8  15523.2]]
```

（三）花式索引

ndarray 支持利用整数数组进行索引，称为花式索引。如果使用一维数组作为索引，那么索引的结果就是对应下标的行；如果使用二维数组作为索引，那么就是对应位置的元素。花式索引能将数据复制到新数组中，原数组保持不变。

```
import numpy as np
arr = np.empty((5,4))     #创建一个5×4的没有任何具体值的数组
for i in range(5):
    arr[i] = i
print(arr[[4,3,0]])
```

最终结果如下所示，创建了一个新的数组。

```
[[ 4.  4.  4.  4.]
 [ 3.  3.  3.  3.]
 [ 0.  0.  0.  0.]]
```

七、数值计算函数

NumPy 中有大量的数据计算函数，这里仅列出常用的一元、二元计算函数。

（一）一元数值计算函数

NumPy 中常用的一元数值计算函数及说明如表 2-3 所示。

表 2-3　NumPy 中常用的一元数值计算函数及说明

函数	说明
abs	计算整数、浮点数或复数的绝对值
exp	计算各元素的指数 ex
ceil	计算各元素的 ceiling 值，即大于等于该值的最小整数
floor	计算各元素的 floor 值，即小于等于该值的最大整数
cos、sin、sinh、cosh	普通型和双曲型三角函数
arccos、arcsin	反三角函数

（二）二元数值计算函数

NumPy 中常用的二元数值计算函数及说明如表 2-4 所示。

表 2-4　NumPy 中常用的二元数值计算函数及说明

函数	说明
add	将数组中对应的元素相加
multiply	数组元素相乘
divide、floor_divide	除法或向下圆整除法（丢弃余数）

八、统计函数与排序函数

（一）统计函数

NumPy 常用的统计函数都需要指定参数 axis。当 axis=0 时，表示沿着纵轴计算；当 axis=1 时，表示沿着横轴计算，默认时计算一个总值。NumPy 常用统计函数及说明如表 2-5 所示。

表 2-5　NumPy 常用统计函数及说明

函数	说明
sum	计算数组的和
mean	计算数组均值
std	计算数组标准差
var	计算数组方差
min	计算数组最小值
max	计算数组最大值
argmin	返回数组最小元素的索引
argmax	返回数组最大元素的索引
cumsum	计算所有元素的累计和

（二）排序函数

（1）直接排序。sort 函数是最常用的排序函数。

```
in      arr1=np.array([3,4,6,1,2,8,9,5])
        print(np.sort(arr1))
out     [1 2 3 4 5 6 8 9]
```

sort 函数也可以指定一个 axis 参数，使得 sort 函数可以沿着指定轴对数据集进行排序。axis=1，沿横轴排序；axis=0，沿纵轴排序。

（2）间接排序。argsort 函数，返回值为重新排序值的下标。

```
in      arr1=np.array([3,4,6,1,2,8,9,5])
        print(np.argsort(arr1))
out     [3 4 0 1 7 2 5 6]
```

lexsort 函数，返回值是按照最后一个传入数据排序的。

```
in      arr1=np.array([3,4,6,1])
        arr2=np.array([10,14,11,13])
        print(np.lexsort((arr1,arr2)))
out     [0 2 3 1]
```

（3）去重与重复数据。通过 unique 函数可以找出数组中的唯一值并返回已排序的结果。

```
in      arr1=np.array([3,4,6,1,2,3,3,4,6])
        print(np.unique(arr1))
out     [1 2 3 4 6]
```

tile 函数主要有两个参数，参数"a"用于指定重复的数组，参数"reps"用于指定重复的次数。

```
in      arr1=np.array([1,2,3])
        print(np.tile(arr1,3))
out     [1 2 3 1 2 3 1 2 3]
```

repeat 函数主要有 3 个参数，参数"a"是需要重复的数组元素；参数"repeats"是重复次数；参数"axis"指定沿着哪个轴进行重复，axis=0 表示按行进行元素重复，axis=1 表示按列进行元素重复。

```
in      arr1=np.array([[1,2],[3,4]])
        print(np.repeat(arr1,2,0))
        print(np.repeat(arr1,2,1))
out     [[1 2]
         [1 2]
         [3 4]
         [3 4]]
        [[1 1 2 2]
         [3 3 4 4]]
```

tile 和 repeat 这两个函数的主要区别在于：tile 函数是对数组进行重复操作，repeat 函数是对数组中的每个元素进行重复操作。

九、meshgrid

指定 x、y 两个参数，$x = \begin{bmatrix} 0 & 1 & 2 \\ 0 & 1 & 2 \end{bmatrix}$ 和 $y = \begin{bmatrix} 1 & 1 & 1 \\ 0 & 0 & 0 \end{bmatrix}$ 时，在二维平面上生成网格，x 是每个网格点的横坐标，y 是每个网格点的纵坐标，可使用如下所示的代码。

```
import numpy as np
import matplotlib.pyplot as plt    # 使用可视化处理包

x = np.array([[0, 1, 2], [0, 1, 2]])
y = np.array([[0, 0, 0], [1, 1, 1]])
plt.xlim(-0.1,2.1)    #设置x坐标范围
```

```
plt.ylim(-0.1,1.1)      #设置y坐标范围
plt.plot(x, y,
        color='red',    # 全部点设置为红色
        marker='o',     # 点的形状为圆点
        linestyle='-')  # 即点与点之间用线连接
plt.grid(True)
plt.show()
```

结果如图 2-2 所示。

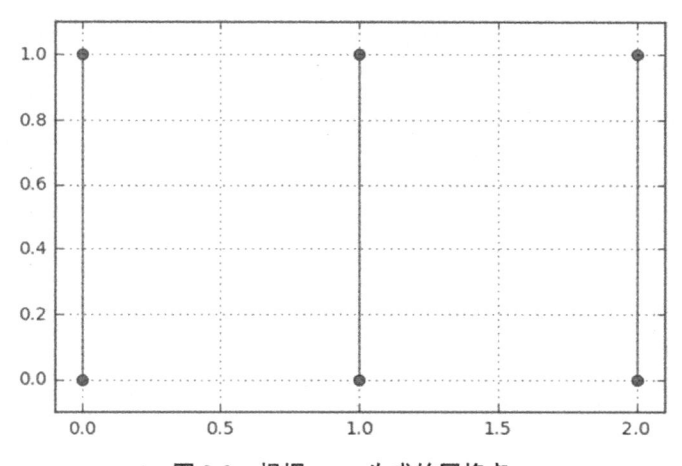

图 2-2 根据 x、y 生成的网格点

如果需要的图比较大，需要大量的网格点，使用上述代码就会比较烦琐，此时我们可以使用 NumPy 提供的 numpy.meshgrid() 函数，该函数可以快速生成坐标矩阵 X、Y。

```
X,Y = numpy.meshgrid(x, y)
```

输入的 x、y 就是网格点的横纵坐标列向量（非矩阵），输出的 X、Y 就是坐标矩阵。

相关代码如下所示。

```
import numpy as np
import matplotlib.pyplot as plt
x = np.array([0, 1, 2])
y = np.array([0, 1])
X, Y = np.meshgrid(x, y)
plt.xlim(-0.1,2.1)
```

```
plt.ylim(-0.1,1.1)
plt.plot(X, Y,
    color='red',       # 全部点设置为红色
    marker='o',        # 点的形状为圆点
    linestyle='')      # 线型为空,也即点与点之间不用线连接
plt.grid(True)
plt.show()
```

结果如图 2-3 所示。

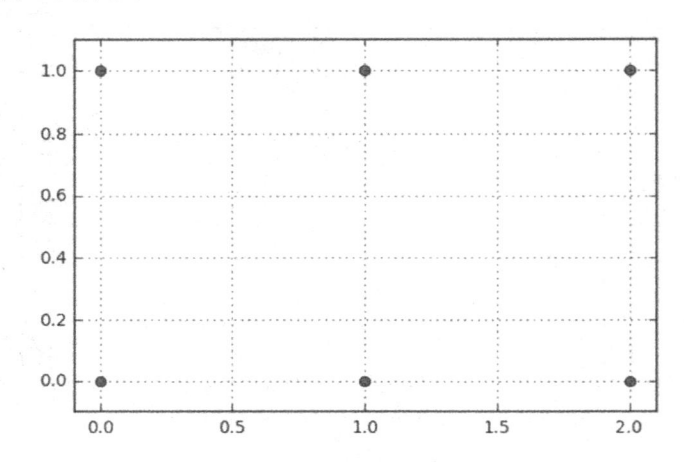

图 2-3　使用 meshgrid() 函数生成指定的网格点

另外，也可以利用 NumPy 中的等差数据生成大量的网格点，相关代码如下所示。

```
import numpy as np
import matplotlib.pyplot as plt

x = np.linspace(0,1000,20)    #等差数列函数
y = np.linspace(0,500,20)

X,Y = np.meshgrid(x, y)

plt.plot(X, Y,
    color='limegreen',   # 设置颜色为limegreen
    marker='.',          # 设置点类型为圆点
    linestyle='')        # 设置线型为空,也即没有线连接点
plt.grid(True)
plt.show()
```

结果如图 2-4 所示。

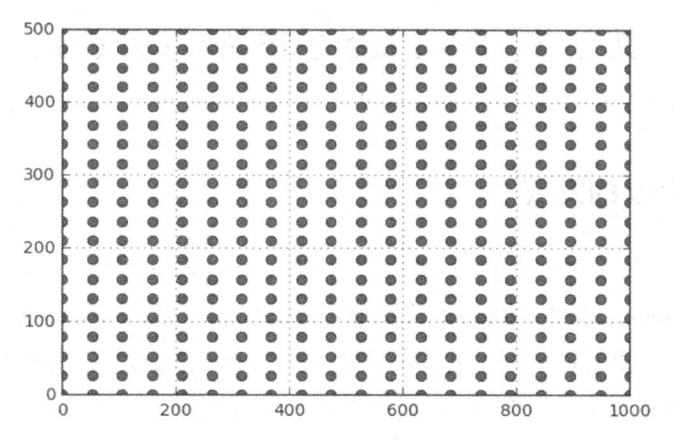

图 2-4　使用 meshgrid() 函数生成大量网格点

还可以利用 ndarray，结合 meshgrid 生成新的数据，代码如下所示。

```
import numpy as np
import matplotlib.pyplot as plt

points = np.arange(-5,5,0.01)
xs,ys = np.meshgrid(points,points)

z = np.sqrt(xs ** 2 + ys ** 2)

plt.imshow(z, cmap = plt.cm.gray)
plt.colorbar()
plt.show()
```

结果如图 2-5 所示。

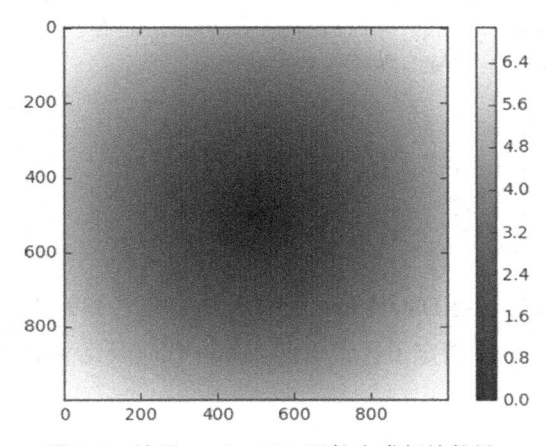

图 2-5　使用 meshgrid() 函数生成新的数据

第三节　Pandas 的安装与常用函数

一、Pandas 的安装

通常情况下，我们可以通过在 cmd 命令窗口执行 pip 命令来安装 Pandas：pip install pandas。当然，我们也可以通过 conda 命令来安装 pandas：conda install pandas。另外，我们还可以下载 whl 文件离线安装 Pandas，这里不再赘述。

以下为部分 Pandas 相关的网站，读者可访问配合本书学习。
- 官方网站：http://www.pypandas.cn/
- GitHub：https://github.com/pandas-dev/
- 官方文档：https://pandas.pydata.org/pandas-docs/stable/index.html

二、DataFrame 对象

DataFrame 是 Pandas 中最核心的对象之一，下面介绍 DataFrame 对象。

DataFrame 是一个表格型的数据结构，既有行索引，又有列索引。

我们可以用 NumPy 中的 arange 方法创建一个 ndarray，再使用 Pandas 中的 DataFrame 方法构造一个 DataFrame 对象，代码及结果如下所示。

```
in      import pandas as pd
        import numpy as np

        df1 = pd.DataFrame(np.arange(16).reshape(4,4))
        print('df1:\n{}\n'.format(df1))
out     df1:
            0   1   2   3
        0   0   1   2   3
        1   4   5   6   7
        2   8   9  10  11
        3  12  13  14  15
```

此外，也可以在创建 DataFrame 的时候指定列名和索引，columns 指定了列索引的排列位置，index 指定了行索引的名称，代码及结果如下所示。

```
in      import pandas as pd
        import numpy as np

        df1 = pd.DataFrame(np.arange(16).reshape(4,4),
                    columns=['column1','column2','column3','column4'],
                        index=['a','b','c','d'])
        print('df1:\n{}\n'.format(df1))
out     df1:
           column1  column2  column3  column4
        a        0        1        2        3
        b        4        5        6        7
        c        8        9       10       11
        d       12       13       14       15
```

直接指定列数据也可以创建 DataFrame，代码及结果如下所示。

```
in      import pandas as pd
        import numpy as np

        df1 = pd.DataFrame({'note':['C','D','E','F','G','A','B'],
            'weekday':['Mon','Tue','Wed','Thu','Fri','Sat','Sum']})
        print('df1:\n{}\n'.format(df1))
out     df1:
          note weekday
        0    C     Mon
        1    D     Tue
        2    E     Wed
        3    F     Thu
        4    G     Fri
        5    A     Sat
        6    B     Sum
```

DataFrame 的不同列可以是不同的数据类型。Series 也是 Pandas 中的核心对象之一，通过 Series 也可以创建 DataFrame。如果使用 Series 创建 DataFrame，每个 Series 将成为一行，代码及结果如下所示。

```
in      import pandas as pd
        import numpy as np

        noteSeries=pd.Series(['C','D','E','F','G','A','B'],
                        index=[1,2,3,4,5,6,7])
        weekdaySeries=pd.Series(['Mon', 'Tue', 'Wed', 'Thu', 'Fri', 'Sat',
        'Sum'],
                                index=[1,2,3,4,5,6,7])
        df1 = pd.DataFrame([noteSeries,weekdaySeries])
        print('df1:\n{}\n'.format(df1))
```

```
out    df1:
           1    2    3    4    5    6    7
       0   C    D    E    F    G    A    B
       1   Mon  Tue  Wed  Thu  Fri  Sat  Sum
```

Dataframe 支持使用 Series 添加列，代码及结果如下所示。

```
in     import pandas as pd
       import numpy as np
       
       df3 = pd.DataFrame({'note':['C','D','E','F','G','A','B'],
                   'weekday':['Mon', 'Tue', 'Wed', 'Thu', 'Fri',
       'Sat', 'Sum']})
       df3['No.'] = pd.Series([1,2,3,4,5,6,7])
       print('df3:\n{}\n'.format(df3))
out    df1:
           1    2    3    4    5    6    7
       0   C    D    E    F    G    A    B
       1   Mon  Tue  Wed  Thu  Fri  Sat  Sum
```

Dataframe 也支持使用 del 函数删除对应的列，代码如下所示。

```
in     del df3['weekday']
       print('df3:\n{}\n'.format(df3))
out    df3:
          note  No.
       0   C    1
       1   D    2
       2   E    3
       3   F    4
       4   G    5
       5   A    6
       6   B    7
```

三、index 对象与数据访问

（一）index 对象

Pandas 的 index 对象包含描述轴的元数据信息，当创建 Series 或 DataFrame 的时候，标签的数组或者序列会被转换成 index。我们可以通过 .index 访问索引值，通过 .column 访问列名。下面，以前面创建的 df3 为例进行说明，代码如下所示。

```
in    print('df3:columns:\n{}\n'.format(df3.columns))
      print('df3:index:\n{}\n'.format(df3.index))
out   df3:columns:
      index(['note', 'No.'], dtype='object')

      df3:index:
      Rangeindex(start=0, stop=7, step=1)
```

这里需要注意的是，index 并非集合，因此其中可以包含重复的数据；index 对象的值是不可改变的，因此可以通过它安全地访问数据。

（二）loc 与 iloc

在 Pandas 中，可以使用 loc 和 iloc 进行 DataFrame 或 Series 的数据选择或区域选择。

loc 通过行标签索引行数据，具体用法如表 2-6 所示。

表 2-6　loc 的用法

loc 用法	描述
loc[1]	索引的是第 1 行（如果 index 是整数）
loc['d']	索引的是第 "d" 行（如果 index 是字符）
loc[1:5,]	索引的是 1～5 行全部列
loc[:,['x', 'y']]	索引的是所有行的 x、y 两列

iloc 则通过行号获取行数据，具体用法如表 2-7 所示。

表 2-7　iloc 的用法

iloc 用法	描述
iloc[1]	索引的是第 1 列（如果 index 是整数）
iloc['d']	索引的是第 "d" 列（如果 index 是字符）
iloc[1:5,[x,y]]	索引的是 1～5 行的 x、y 两列

使用 loc 和 iloc 进行区域选择，代码如下所示。

```
import pandas as pd
data = [[1,2,3],[4,5,6],[7,8,9]]
index = [1,2,3]
```

```
columns=['a','b','c']
df = pd.DataFrame(data=data, index=index, columns=columns)
print(df.loc[1:2])                  # 第1、2行所有列
print(df.loc[1:])                   # 从第1行开始到最后的所有列
print(df.loc[:,['a','c']])          #  a, c两列
print(df.iloc[0])                   # 从第1行
print(df.iloc[:,[1,2]])             # 第1,2列
```

四、重新索引 reindex

Pandas 对象的一个重要方法是 reindex，其作用是创建一个适应新索引的新对象，我们看以下代码及输出结果。

```
in      df3 = pd.DataFrame({'note':['C','D','E','F','G','A','B'],
                            'weekday':['Mon', 'Tue', 'Wed', 'Thu', 'Fri',
        'Sat', 'Sum']})
        df4=df3.reindex(['five','one','four','two','three','six'])
        print(df4.index)
out     index(['five', 'one', 'four', 'two', 'three', 'six'], dtype='object')
```

对于 Pandas 的 DataFrame 对象，reindex 既可以修改行索引，又可以修改列索引，或者两个都修改。如果只传入一个序列，则只会重新索引行；使用 columns 关键字即可重新索引列，代码如下所示。

```
in      df3 = pd.DataFrame({'note':['C','D','E','F','G','A','B'],
                            'weekday':['Mon', 'Tue', 'Wed', 'Thu', 'Fri',
        'Sat', 'Sum']})
        df4=df3.reindex(columns=['one','two'])
        print(df4.columns)
out     index(['one', 'two'], dtype='object')
```

五、文件操作

下面介绍在 Pandas 中获取数据的方法，表 2-8 展示了 Pandas 常见文件操作函数。

表 2-8 Pandas 常见文件操作函数

函数	功能
read_csv	读取 CSV 格式的文件

续表

函数	功能
read_table	读取分隔符文本文件的内容并返回 DataFrame
read_fwf	读取具有固定宽度格式的行组成的表
read_clipboard	读取剪贴板中的数据
read_excel	读取 Excel 文件
read_hdf	读取 HDF5 格式文件
read_html	读取静态网页表格文件
read_json	读取 JSON 数据
read_pickle	读取 pickle 文件
read_sql	读取 SQL 数据

文件操作类函数也具有数据获取功能，下面介绍两个最常见的函数：read_csv 和 read_excel。

CSV 文件全称为逗号分隔值文件（Comma-Separated Values），其文件以纯文本形式存储表格数据（数字和文本），用记事本、Excel 等都可以打开 CSV 格式的文件，Excel 文件也可以快速转存为 CSV 文件。

使用 Pandas 的 read_csv 方法，读取 CSV 文件，参数是文件的路径，该函数的声明如下所示。

```
pandas.read_csv(filepath_or_buffer, delimiter=None, names=None)
```

filepath_or_buffer 表明文件路径，delimiter 表明分隔符，默认为","（逗号），name 是表明列名。

从 CSV 数据源获取数据的代码如下所示。

```
import numpy as np
import pandas as pd
data2=pd.read_csv('20161009.csv',delimiter=';')
```

Excel 在电网企业日常工作中应用普遍，各类报表、台账常以 Excel 文件的形式存在，读取 Excel 文件通过 read_excel 函数实现。该函数主要的参数为 io、sheetname、header、names 和 encoding，函数的声明如下所示。

```
pandas.read_excel(io,sheetname=0,header=0, skiprows=None, skip_
footer=0, index_col=None, names=None,parse_cols=None,parse_dates=False,date_
parser=None,values=None,thousands=None, convert_float=True, has_index_
names=None, converters=None, engine=None, squeeze=False, **kwds)
```

io 表示 Excel 文件可以是文件路径、文件网址、file-like 对象、xlrd workbook；sheetname 表示返回指定的 Sheet，参数可以是字符串（Sheet 名）、整型（Sheet 索引）、list（元素为字符串和整型，返回字典 {'key':'sheet'}）、none（返回字典，全部 Sheet）；header 表示指定数据表的表头，参数可以是 int、list of ints；names 表示返回指定 name 的列，参数为 array-like 对象；encoding 指定以何种编码读取 Excel 文件。该函数返回 Pandas 中的 DataFrame 或 dict of DataFrame 对象，利用 DataFrame 的相关操作即可读取相应的数据，从 Excel 数据源获取数据，代码如下所示。

```
import pandas as pd
import numpy as np
data1=pd.read_excel("filename.xlsx")          # 使用pandas读取Excel文件
```

关于 Python 对 Excel 的更多操作，参见第三章。

六、数据检测

（一）检测空值（not null）

在进行数据分析的过程中，数据不完善、出现缺失值很常见。Pandas 使用 NaN 表示浮点和非浮点数组里的缺失数据。Pandas 使用 isnull() 和 notnull() 函数来判断缺失情况，两个函数均返回 True 或 False。

判断 Series 中数据缺失情况，代码如下所示。

```
in    import pandas as pd
      from numpy import nan as NA
      from pandas import Series,DataFrame
      data = Series([1,2,NA])
      print(data)
      print('------------')
      print(data.isnull())
      print('------------')
      print(data[data.notnull()])
```

```
out     0    1.0
        1    2.0
        2    NaN
        dtype: float64
        ------------
        0    False
        1    False
        2     True
        dtype: bool
        ------------
        0    1.0
        1    2.0
        dtype: float64
```

（二）duplicated()

Pandas 提供了 duplicated、index.duplicated、drop_duplicates 函数来标记和删除重复记录。duplicated 函数用于标记 Series 中的值、DataFrame 中的记录行是否重复，重复为 True，不重复为 False。

duplicated 函数中标记重复的策略由参数 keep 控制，我们先来看 DataFrame 中标记重复的函数声明。

```
pandas.DataFrame.duplicated(self, subset=None, keep='first')
```

subset 用于识别重复的列标签或列标签序列，默认为所有列标签。keep 参数则有 3 种选择：keep='frist'，除了第一次出现，其余相同的被标记为重复；keep='last'，除了最后一次出现，其余相同的被标记为重复；keep=False，所有相同的都被标记为重复，默认 keep 为 first。

在 Series 中，标记重复记录代码及结果如下所示。

```
in      from numpy import nan as NA
        from pandas import Series,DataFrame
        s = pd.Series(['one', 'two', 'two'] ,index= ['a', 'b',
        'a'],name='sname')
        print(s)
        print('------------')
        print(s.duplicated())
        print('------------')
        print(s.duplicated('last'))
        print('------------')
```

```
out         print(s.duplicated(False))
            a    one
            b    two
            a    two
            Name: sname, dtype: object
            ------------
            a    False
            b    False
            a    True
            Name: sname, dtype: bool
            ------------
            a    False
            b    True
            a    False
            Name: sname, dtype: bool
            ------------
            a    False
            b    True
            a    True
            Name: sname, dtype: bool
```

七、数据删除

（一）dropna

去掉 NaN 数据所使用的函数为 dropna，其函数声明如下所示。

```
dropna(axis=1,how='all')
```

axis 用于控制删除方向，默认为 0，表示按行删除；当 axis=1 时，表示按列删除。

模拟缺失数据，dropna 返回一个包含非空数据和索引值的 Series，相关代码及结果如下所示。

```
in          import pandas as pd
            from numpy import nan as NA
            from pandas import Series,DataFrame
            data = Series([1,2,NA,4,5])
            print(data)
            print('------------')
            print(data.dropna())
```

```
out     0    1.0
        1    2.0
        2    NaN
        3    4.0
        4    5.0
        dtype: float64
        ------------
        0    1.0
        1    2.0
        3    4.0
        4    5.0
        dtype: float64
```

对于 DataFrame，dropna() 函数同样会丢掉所有含有空元素的数据，相关代码及记结果如下所示。

```
in      import pandas as pd
        from numpy import nan as NA
        from pandas import Series,DataFrame
        data = pd.DataFrame({
            'a': [1, 2, 3],
            'b': [5, NA, 7],
            'c': [NA, NA, NA]
        })
        print(data)
        print('------------')
        print(data.dropna())
        print('------------')
        print(data.dropna(how='all'))
        print('------------')
        print(data.dropna(axis=1))
out            a    b    c
        0      1    5.0  NaN
        1      2    NaN  NaN
        2      3    7.0  NaN
        ------------
        Empty DataFrame
        Columns: [a, b, c]
        index: []
        ------------
               a    b    c
        0      1    5.0  NaN
```

```
1  2  NaN  NaN
2  3  7.0  NaN
------------
   a
0  1
1  2
2  3
```

（二）drop()

drop() 删除 Series 的元素或 DataFrame 的某一行（列），返回的是一个新对象，原对象不会被改变。

删除 Series 的一个元素，代码及结果如下所示。

```
in    import pandas as pd
      from numpy import nan as NA
      from pandas import Series,DataFrame
      data1 = Series([4.5,7.2,-5.3,3.6], index=['a','b','a','c'])
      print(data1)
      print('-------------------')
      print(data1.drop('c'))
out   a    4.5
      b    7.2
      a   -5.3
      c    3.6
      dtype: float64
      -------------------
      a    4.5
      b    7.2
      a   -5.3
      dtype: float64
      dtype: float64
```

删除 DataFrame 的行或列，代码及结果如下所示。

```
in    import pandas as pd
      import numpy as np
      from numpy import nan as NA
      from pandas import Series,DataFrame
      data2 = DataFrame(np.arange(9).reshape(3, 3), index=['a', 'b',
      'c'], columns=['列1', '列2', '列3'])
      print(data2)
```

```
            print('-------------------')
            print(data2.drop('c'))
            print('-------------------')
            print(data2.drop(['列1','列3'],axis=1))
out         列1  列2  列3
        a   0   1   2
        b   3   4   5
        c   6   7   8
        -------------------
            列1  列2  列3
        a   0   1   2
        b   3   4   5
        -------------------
            列2
        a   1
        b   4
        c   7
```

（三）drop_duplicates ()

drop_duplicates 函数用于删除 Series、DataFrame 中的重复记录，并返回删除重复记录后的结果。

删除 Series 中的重复记录，代码及结果如下所示。

```
in          import pandas as pd
            from numpy import nan as NA
            from pandas import Series,DataFrame
            s = pd.Series(['one', 'two', 'one', 'three', 'two'] ,index= ['a',
            'b', 'c', 'a','c'],name='sname')
            print(s)
            print('-------------')
            print(s.drop_duplicates())
            print('-------------')
            # inplace=True表示在原对象上执行删除操作
            print(s.drop_duplicates(keep='last',inplace=True))
            print('-------------')
            print(s)
out         a    one
            b    two
            c    one
            Name: sname, dtype: object
            -------------
```

```
                a    one
                b    two
                Name: sname, dtype: object
                ------------
                None
                ------------
                b    two
                c    one
                Name: sname, dtype: object
```

八、缺失值填充

当数据中存在 NA 缺失值时，我们可以用其他数值替代 NA。DataFrame.fillna() 方法提供了填充缺失值的功能，代码及结果如下所示。

| in | ```
import pandas as pd
from numpy import nan as NA
from pandas import Series,DataFrame
data = pd.DataFrame({
    'a': [1, 2, 3, 4],
    'b': [5, NA, 7, 8],
    'c': [NA, NA, NA, NA]
})
print(data)
print('------------')
print(data.fillna(0))
``` |
|---|---|
| out | ```
   a    b    c
0  1  5.0  NaN
1  2  NaN  NaN
2  3  7.0  NaN
3  4  8.0  NaN
------------
   a    b    c
0  1  5.0  0.0
1  2  0.0  0.0
2  3  7.0  0.0
3  4  8.0  0.0
``` |

九、数据合并

在 Pandas 中，数据合并有 3 种方式：merge()、cancat() 和 combine_first()。

（一）merge()

merge() 类似于数据库风格的合并，合并的方式有内连接、左连接和右连接，其操作的对象是 DataFrame，其函数声明如下所示。

```
pd.merge(df1,df2,on="key", how="left or right")
```

df1 和 df2 为需要合并的两个 DataFrame，on 为连接的值，how 为连接方式。merge() 方法应用代码如下所示。

```
in    import numpy as np
      import pandas as pd
      from pandas import DataFrame
      df1 = DataFrame({'key': ['a', 'a', 'b', 'c', 'b', 'd', 'd'],
                       'data1': range(7)})
      df2 = DataFrame({ 'key': ['a', 'b', 'd'],
                        'data2': range(3),
                        'data3':range(3,6)})
      mdf=pd.merge(df1, df2)
      print(mdf)
out        data1 key  data2  data3
      0      0    a     0      3
      1      1    a     0      3
      2      2    b     1      4
      3      4    b     1      4
      4      5    d     2      5
      5      6    d     2      5
```

（二）concat()

concat() 是一种轴向连接，即沿着一条轴将多个对象堆叠到一起，其操作的对象是 Series。在默认情况下，concat 在纵轴上连接，产生一个新的 Series，其函数声明如下所示。

```
pd.concat(s1,s2,axis=1)
```

和其他函数类似，参数 axis 也表明横轴或纵轴方向，axis=0 表明在纵轴上连接，axis=1 表明在横轴上连接。concat() 方法应用代码如下所示。

```
in      import numpy as np
        import pandas as pd
        from pandas import Series, DataFrame
        s1 = Series([1, 2], index=['a', 'b'])
        s2 = Series([3, 4], index=['c', 'd'])
        ss=pd.concat([s1, s2])
        st=pd.concat([s1,s2],axis=1)
        print(ss)
        print('-----------')
        print(st)
out     a    1
        b    2
        c    3
        d    4
        dtype: int64
        -----------
             0    1
        a    1.0  NaN
        b    2.0  NaN
        c    NaN  3.0
        d    NaN  4.0
```

（三）combine_first()

combine_first() 以实例方法合并重叠的数据，combine_first() 方法应用代码及结果如下所示。

```
in      import numpy as np
        import pandas as pd
        from pandas import Series, DataFrame
        s1 = Series([1, 2], index=['a', 'b'])
        s2 = Series([3, 4, 5], index=['c', 'd', 'e'])
        print(s1)
        print('-----------')
        print(s2)
        ss= s1.combine_first(s2)
        print('-----------')
        print(ss)
out     a    1
        b    2
        dtype: int64
        -----------
```

```
c    3
d    4
e    5
dtype: int64
-----------
a    1.0
b    2.0
c    3.0
d    4.0
e    5.0
dtype: float64
```

十、数据统计分析

（一）标准统计函数

Pandas 支持的标准统计函数有很多，包括 sum（和）、median（中位数）、var（方差）、std（标准差）、mean（平均数）、quantile（分位数）、min（最小）、max（最大）、describe（列数据简报）、count（非空计数）、pct_change（百分数变化）等。这里只列举几个，其余写法基本相似。

求均值应用 mean() 方法，代码及结果如下所示。

in	

```
import numpy as np
import pandas as pd

df=pd.DataFrame(data=[[2.5,np.nan],[3.8,-4.4],[np.nan,np.nan],[0.25,-1.5]],
                index=["a","b","c","d"],
                columns=["one","two"])
print('------df-------')
print(df)

# 直接使用mean()方法，自动跳过NaN值
print('------df.mean()-------')
print(df.mean())

# 按行求平均数
print('------df.mean(axis=1)-------')
print(df.mean(axis=1))
```

```
      # skipna=False不跳过NaN值
      print('------df.mean(axis=1,skipna=False):-------')
      print(df.mean(axis=1,skipna=False))
out   ------df-------
          one   two
      a   2.50   NaN
      b   3.80  -4.4
      c    NaN   NaN
      d   0.25  -1.5
      ------df.mean()-------
      one    2.183333
      two   -2.950000
      dtype: float64
      ------df.mean(axis=1)-------
      a    2.500
      b   -0.300
      c     NaN
      d   -0.625
      dtype: float64
      ------df.mean(axis=1,skipna=False):-------
      a     NaN
      b   -0.300
      c     NaN
      d   -0.625
      dtype: float64
```

（二）数据分组

Pandas 提供了一个灵活高效的 groupby 功能，它可以对数据集进行切片、切块、摘要等操作。应用 groupby 功能的代码及结果如下所示。

```
in    import numpy as np
      import pandas as pd

      df=pd.DataFrame(data=[[2.5,5],[1,-4.4],[2,10],[1,-1.5]],
                      columns=["one","two"])
      print('------df-------')
      print(df)
      print('------groupby-------')
      grouped = df['two'].groupby(df['one'])
      print(grouped.sum())
```

```
out      ------df-------
         one   two
      0  2.5   5.0
      1  1.0  -4.4
      2  2.0  10.0
      3  1.0  -1.5
      ------groupby-------
      one
      1.0   -5.9
      2.0   10.0
      2.5    5.0
      Name: two, dtype: float64
```

上述代码中，变量 grouped 是一个 groupby 对象，它实际上还没有进行任何计算，只是含有一些有关分组键 df['key1'] 的中间数据而已，然后我们可以调用 groupby 的 sum 方法来计算分组求和。

（三）筛选和排序

数据分析统计中，经常会对数据表中的数据使用指定的条件进行筛选和计算。在 Pandas 中通过 sort 和 loc 函数也可以实现筛选和排序。sort 函数可以实现对数据表的排序操作，loc 函数可以实现对数据表的筛选操作。loc 函数在表 2-6 中已经进行相应的介绍。排序操作代码及结果如下所示。

```
in    import numpy as np
      import pandas as pd
      df=pd.DataFrame(data=[[2,5],[1,-4],[2,6]],
                      columns=["A","B"])
      #按索引升序排序，默认为升序
      print(df.sort_index())
      print('——————————')
      #按索引降序排序
      print(df.sort_index(ascending=False))
      print('——————————')
      # 第一行按升序排序
      print(df.sort_index(axis=1))
      print('——————————')
      # 第一行按降序排序
      print(df.sort_index(axis=1, ascending=False))
      print('——————————')
      # 根据one这一列的值进行排序，默认从小到大
      print(df.sort_values(by='A'))
```

```
out    A  B
    0  2  5
    1  1 -4
    2  2  6

       A  B
    2  2  6
    1  1 -4
    0  2  5

       A  B
    0  2  5
    1  1 -4
    2  2  6

       B  A
    0  5  2
    1 -4  1
    2  6  2

       A  B
    1  1 -4
    0  2  5
    2  2  6
```

第四节 Matplotlib 的安装与使用

一、Matplotlib 的安装

通常情况下，我们可以通过在 cmd 命令窗口执行 pip 命令来安装 Matplotlib：pip install matplotlib。当然，我们也可以通过执行 conda 命令来安装 Matplotlib：conda install matplotlib。另外，我们还可以下载 whl 文件离线安装 Matplotlib，这里不再赘述。

以下为部分 Matplotlib 相关的网站，读者可访问配合本书学习。

- 官方网站：https://matplotlib.org/
- GitHub：https://github.com/matplotlib/matplotlib
- 中文官网：https://www.matplotlib.org.cn/

二、Matplotlib 的基本元素

Matplotlib 中的基本图表包括的元素有绘图区域、实际绘图的区域、x 轴和 y 轴及刻度、图形的样式格式、x 轴和 y 轴刻度标签、数据等。

（一）创建窗口

在 Matplotlib 中使用 figure 创建单独小窗口，figure 函数的声明如下所示。

```
plt.figure(num=None, figsize=None, dpi=None, facecolor=None,
edgecolor=None, frameon=True, FigureClass=<class 'plot.figure'>,
clear=False)
```

num 表示窗口 id，figure 创建在相同的 id 上；figsize 为设置图形的大小，默认为 None，可以设置成 [a,b]，a 为图形的宽，b 为图形的高，单位为英寸；dpi 为设置图形每英寸的点数；facecolor 为设置的背景色；edgecolor 为设置的边框颜色；frameon 表示绘制边框，默认值 True 为绘制边框，如果为 False 则不绘制边框。

（二）plot() 画图设置

在 Matplotlib 中使用 plot 获取数据，plot 函数的声明如下所示。

```
plt.plot(x,y,format_string)
```

x、y 分别为 x 轴和 y 轴的数据，可为列表或数组；format_string 为控制曲线的格式字符串，有颜色字符、风格字符和标记字符，分别如表 2-9、表 2-10、表 2-11 所示。

表 2-9　颜色字符说明

颜色字符	说明	颜色字符	说明
'b'	蓝色 blue	'm'	洋红色 magenta
'g'	绿色 green	'y'	黄色 yellow
'r'	红色 red	'k'	黑色 black
'c'	青绿色 cyan	'w'	白色 white
'#008000'	RGB 某颜色	'0.8'	灰度值字符串

表 2-10 风格字符说明

风格字符	说明
'-'	实线
'--'	破折线
'-.'	点画线
':'	虚线
' '	无线条

表 2-11 标记字符说明

标记字符	说明	标记字符	说明	标记字符	说明
'.'	点标记	'1'	下花三角标记	'h'	竖六边形标记
','	像素标记（极小点）	'2'	上花三角标记	'H'	横六边形标记
'o'	实心圆圈标记	'3'	左花三角标记	'+'	十字标记
'v'	倒三角标记	'4'	右花三角标记	'x'	x 标记
'^'	上三角标记	's'	实心方形标记	'D'	菱形标记
'>'	右三角标记	'p'	实心五角标记	'd'	瘦菱形标记
'<'	左三角标记	'*'	星形标记	'|'	垂直线标记

（三）subplot() 与 subplots()

subplot 与 subplots 都可以用来创建小图，但 subplots 将画布规划好后，返回一个坐标数组对象，而 subplot 每次只能返回一个坐标对象。

subplot 的声明如下所示。

```
ax=plt.subplot(nrows,ncols,index,format_string)
```

nrows 和 ncols 表示将画布分割成几行几列，比如 nrows = 2、ncols = 2 表示将画布分割为 2 行 2 列，并且起始值都为 0；index 表示子图序号，子图顺序为从左到右，从上到下，从 0 开始；format_string 和 plot 中的用法一致。

subplots 的声明如下所示。

```
fig,ax=subplots(nrows,ncols,sharex,sharey,squeeze,subplot_kw,gridspec_kw,format_string)
```

nrows 和 ncols 的用法与 subplots 的用法一致；sharex 和 sharey 表示坐标轴的属性是否相同，可选的参数有 True、False、row 和 col，默认值均为 False，表示画布中的 4 个 ax 是相互独立的；squeeze bool 表示是否进行挤压操作，默认参数为 True；subplot_kw 表示把字典的关键字传递给 add_subplot() 来创建每个子图；gridspec_kw 表示把字典的关键字传递给 GridSpec 构造函数创建子图放在网格里 (grid)；format_string 和 plot 中的用法一致。

从声明上看，subplot 和 subplots 的区别不大，最主要的区别是 subplot 只返回子图对象 ax，而 subplots 返回画布和子图两个对象。

（四）xlabel()、ylabel()、show()

xlabel 和 ylabe 分别用于设置 x、y 轴的名称。

```
plt.xlabel ('xxx')
plt.ylabel('xxx')
```

show 用于显示绘制的图像。

```
plt.show ()
```

三、创建 Matplotlib 图像

我们来看以下代码。

```
import numpy as np
from matplotlib import pyplot as plt
#中文支持matplotlib
plt.rcParams['font.sans-serif'] = ['SimHei']
# 替换sans-serif字体
plt.rcParams['axes.unicode_minus'] = False
#解决坐标轴负数的负号显示问题
x = np.arange(1, 11)
y = 2 * x + 3
plt.title("直线效果")
plt.xlabel("x坐标")
plt.ylabel("y坐标")
plt.plot(x,y)
plt.show()
```

生成结果如图 2-6 所示。

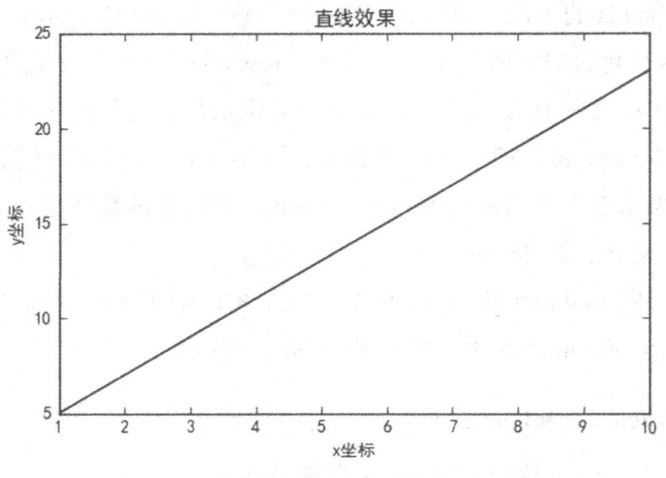

图 2-6　生成直线效果图

在以上实例中，np.arange() 函数创建 x 轴上的值，y 轴上的对应值存储在另一个数组对象 y 中。这些值使用 Matplotlib 软件包中 pyplot 子模块的 plot() 函数绘制。图形由 show() 函数显示。

如果要改变显示效果，比如使用小圆点来显示直线，那么上述代码中的第 13 行的 plot 函数中需要加入参数，代码如下所示。

```
plt.plot(x,y, "ob")#o表示用小圆点表示，b表示蓝色
```

生成结果如图 2-7 所示。

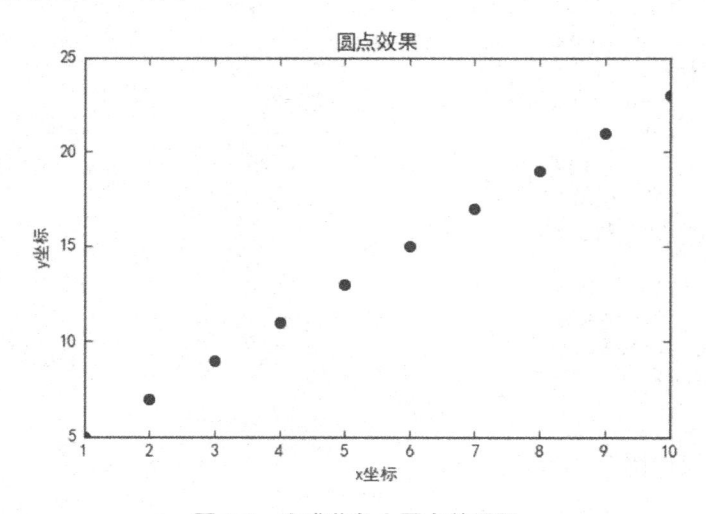

图 2-7　生成蓝色小圆点效果图

我们也可以绘制曲线图，代码如下所示。

```python
import numpy as np
import matplotlib.pyplot as plt

# 计算正弦曲线上点的x和y坐标
x = np.arange(0, 3 * np.pi, 0.1)
y = np.sin(x)
plt.title("正弦波")
# 使用matplotlib来绘制点
plt.plot(x, y)
plt.show()
```

生成结果如图 2-8 所示。

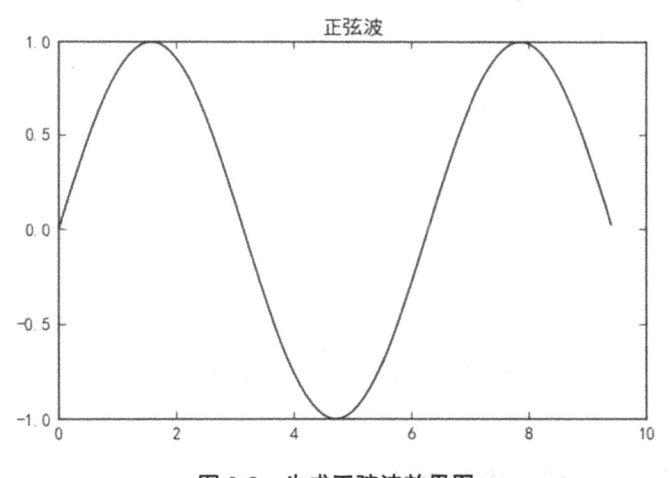

图 2-8　生成正弦波效果图

以子图方式绘制正弦值和余弦值，代码如下所示。

```python
import numpy as np
import matplotlib.pyplot as plt

# 计算正弦和余弦曲线上点的x和y坐标
x = np.arange(0, 3 * np.pi, 0.1)
y_sin = np.sin(x)
y_cos = np.cos(x)
# 建立subplot网格，高为2，宽为1
# 激活第一个subplot
plt.subplot(2, 1, 1)
# 绘制第一个图像
```

```
plt.plot(x, y_sin)
plt.title("正弦波")
# 将第二个subplot激活，并绘制第二个图像
plt.subplot(2, 1, 2)
plt.plot(x, y_cos)
plt.title("余弦波")
# 展示图像
plt.show()
```

生成结果如图 2-9 所示。

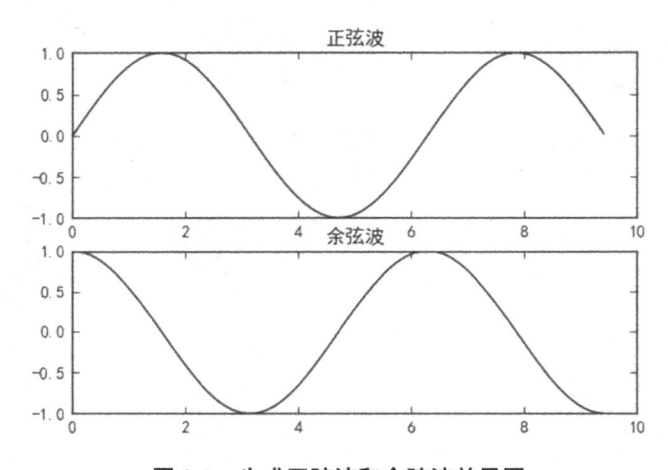

图 2-9　生成正弦波和余弦波效果图

四、Matplotlib 图像类型与代码

（一）条形图 bar()

pyplot 子模块提供 bar() 函数来生成条形图，代码如下所示。

```
from matplotlib import pyplot as plt

x = [5, 8, 10]
y = [12, 16, 6]
x2 = [6, 9, 11]
y2 = [6, 15, 7]
plt.bar(x, y, align='center')
plt.bar(x2, y2, color='g', align='center')
plt.title('条形图')
```

```
plt.ylabel('Y 坐标')
plt.xlabel('X 坐标')
plt.show()
```

生成结果如图 2-10 所示。

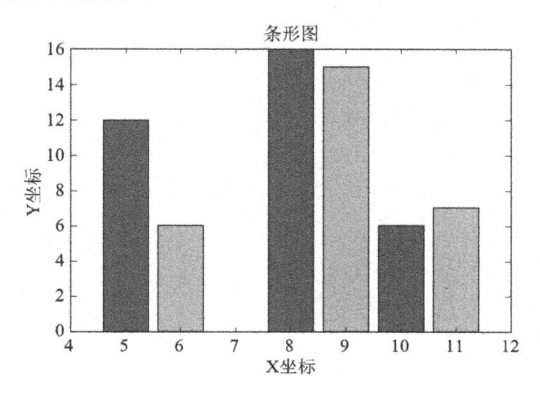

图 2-10　条形图

（二）直方图

Matplotlib 可以将直方图的数字表示转换为图形，pyplot 子模块的 plt() 函数将包含数据的 bin 数组作为参数并转换为直方图，代码如下所示。

```
from matplotlib import pyplot as plt
import numpy as np
a = np.array([22, 85, 15, 4, 56, 70, 59, 54, 15, 10, 31, 16, 80, 33, 27])
plt.hist(a, bins=[0, 20, 40, 60, 80, 100])
plt.title("直方图")
plt.show()
```

生成结果如图 2-11 所示。

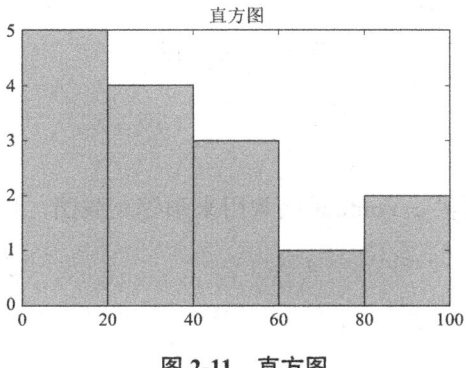

图 2-11　直方图

(三)散点图

pyplot 子模块提供 scatter() 函数来生成散点图,代码如下所示。

```
import numpy as np
import matplotlib.pyplot as plt

n = 1024
x = np.random.normal(0, 1, n)
y = np.random.normal(0, 1, n)

color = np.arctan2(y, x)
plt.scatter(x, y, s=75, c=color, alpha=0.5)
plt.xlim((-1.5, 1.5))
plt.ylim((-1.5, 1.5))
plt.show()
```

上述代码产生 1024 个随机数据计算颜色值,透明度为 0.5,坐标轴范围为 [−1.5,1.5]。生成结果如图 2-12 所示。

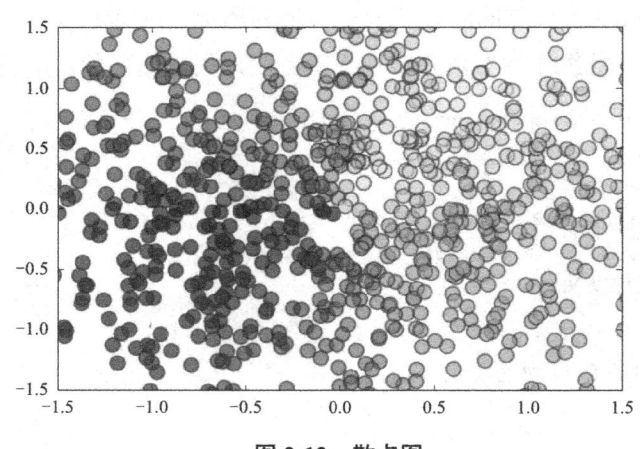

图 2-12 散点图

(四)等高线图

pyplot 子模块中提供了 contour 函数用来画等高线图,代码如下所示。

```
import matplotlib.pyplot as plt
import numpy as np
```

```
def f(x,y):
    return (1-x/2+x**5+y**3)*np.exp(-x**2-y**2)
n=256
x=np.linspace(-3,3,n)
y=np.linspace(-3,3,n)
X,Y = np.meshgrid(x,y)
plt.contourf(X,Y,f(X,Y),8,alpha=0.75,cmap=plt.cm.hot)
C = plt.contour(X,Y,f(X,Y),8,colors='black',linewidth = 0.5)
plt.clabel(C,inline=True,fontsize=10)
plt.show()
```

生成结果如图 2-13 所示。

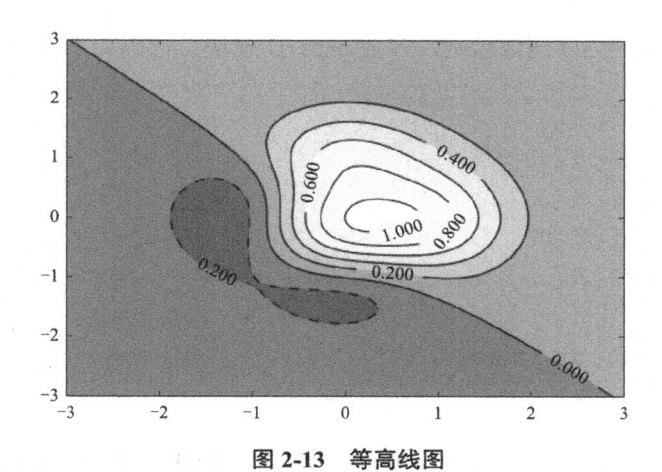

图 2-13 等高线图

（五）绘制热图

热图（Heatmap）是数据分析的常用方法，通过色差、亮度来展示数据的差异，更易于理解。在 pyplot 中使用 imshow() 函数实现热图绘制，代码如下所示。

```
import matplotlib.pyplot as plt
import numpy as np

a = np.linspace(0, 1, 9).reshape(3, 3)
plt.imshow(a, interpolation='nearest', cmap='bone', origin='lower')
plt.colorbar()
plt.show()
```

生成结果如图 2-14 所示。

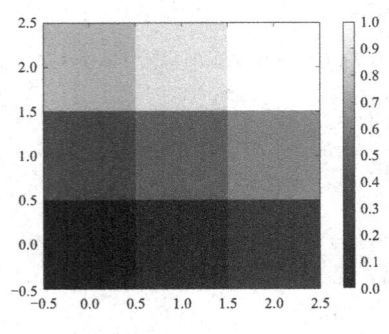

图 2-14 热图

(六) 绘制 3D 图像

Matplotlib 支持 3D 图像绘制，需要 axes3D 模块，代码如下所示。

```
from mpl_toolkits import mplot3d
import numpy as np
import matplotlib.pyplot as plt
fig = plt.figure()
#创建3D绘图区域
ax = plt.axes(projection='3D')
#从三个维度构建
z = np.linspace(0, 1, 100)
x = z * np.sin(20 * z)
y = z * np.cos(20 * z)
#调用 ax.plot3D创建三维线图
ax.plot3D(x, y, z, 'gray')
plt.show()
```

在上述代码中，用 pyplot 的 figure() 函数可以创建一个 figure 对象，再使用 plt.axes() 函数，将 projection 参数设置为 3D，创建 axes3D 对象，使之具有 3D 坐标轴，然后建立三维曲线函数，使用 plot3D 进行绘制，生成结果如图 2-15 所示。

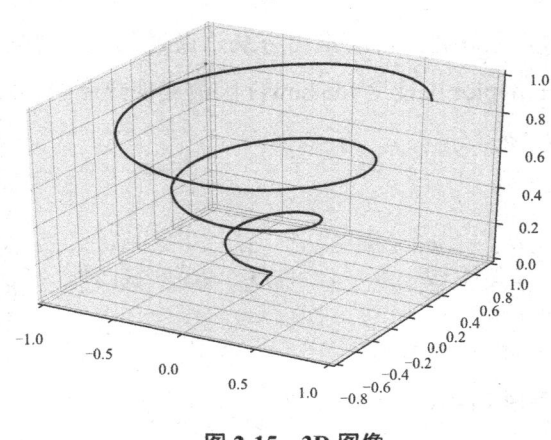

图 2-15 3D 图像

第五节　其他有关数据处理的 Python 库

SciPy：是一组专门解决科学计算中各种标准问题域的包集合。

IPython：是 Python 科学计算标准工具集的组成部分，它将所有的东西联系在一起，为交互式和探索式计算提供了一个强健而高效的环境。

Seaborn：是一种开源的数据可视化工具，它在 Matplotlib 的基础上进行了更高级的 API 封装，因此可以进行更复杂的图形设计和输出。Seaborn 是 Matplotlib 的重要补充，可以自主设置在 Matplotlib 中被默认的各种参数，而且它能高度兼容 NumPy 与 Pandas 数据结构，以及 SciPy 与 Statsmodels 等统计模式。

第六节　综合案例

一、电力招投标数据读取与处理

国家电网有限公司（以下简称国网公司）为了保证物资、设备、服务的优良品质，对履约不好、有严重质量问题等的供应商，会纳入不良行为名单并进行处罚。若供应商尚处在不良行为处罚期内，按照招标文件要求，在初评阶段其被处罚物资品类对应的投标标包将被否决。

现需要对招投标数据进行处理，将招投标数据分为参与投标的数据和需要剔除的数据，数据存储于"1_投标数据案例.xlsx"中。对于该问题的处理可分为 3 步，具体如表 2-12 所示。

表 2-12　招投标数据处理步骤

步骤	操作
数据源读取	通过编程完成对文件"1_投标数据案例.xlsx"中信息数据的读取
数据筛选与合并	对读取的数据进行筛选与合并
数据输出	对上一步获取的数据进行输出，形成新文件

（一）源数据读取

读取文件"1_投标数据案例.xlsx"中的"案例 1_供应商投标数据"和"案

例1_不良行为数据"两个工作表的数据，分别记为 table_a 和 table_b。代码如下所示。

```
table_a_name = "1_投标数据案例"
table_a_path = table_a_name + '.xlsx'
sheet_a_name = "案例1_供应商投标数据"
table_a = pd.read_excel(table_a_path,sheet_name = sheet_a_name,converters={'供应商代号':str}).dropna(axis=1,how='all')
table_b_name = "1_投标数据案例"
table_b_path = table_b_name + ".xlsx"
sheet_b_name = "案例1_不良行为数据"
table_b = pd.read_excel(table_b_path,sheet_name=sheet_b_name,converters={'供应商代号':str})
```

（二）数据筛选与合并

需要在投标数据中筛选出不良行为的数据，根据国网公司的处罚要求，如果在不良行为数据中，处理范围为"所有品类"，那么该供应商所有投标都不能参与，即在投标数据中需要剔除该供应商的所有数据；如果在不良行为数据中，处理范围为特定的品类，那么该供应商不能参与特定品类的投标，即在投标数据中需要剔除该供应商特定品类的投标数据。代码如下所示。

```
#处理所有品类的
table_b_tmp=table_tmp[table_tmp['处理范围']=='所有品类']
table_c =table_a.merge(table_b_tmp,on=['供应商代号'],suffixes=('','_y'))
table_total=table_c[table_a.columns]
#处理特定品类的
table_b_tmp=table_tmp[table_tmp['处理范围']!='所有品类']
table_c =table_a.merge(table_b_tmp,on=['供应商代号','包号','标段名称'],suffixes=('','_y'))
table_specific=table_c[table_a.columns]
```

（三）数据输出

读取第二步输出的文件，输出需剔除的数据和正常参与招投标的数据。代码如下所示。

```
table_w=pd.concat([table_total,table_specific],axis=0)
table_w.to_excel('不良行为投标数据.xlsx')
table_y=table_a.drop(labels=table_w.index,axis=0)
table_y.to_excel('正常投标数据.xlsx')
```

输出结果如图 2-16 和图 2-17 所示。

不良投标数据为：

	标段名称	包号	供应商代号
0	20kV环网柜	包1	供应商SH
1	铁塔	包2	供应商SH
0	20kV环网柜	包1	供应商SC
1	20kV环网柜	包1	供应商SG
2	铁塔	包1	供应商SO
3	铁塔	包1	供应商SR
4	铁塔	包2	供应商SV

图 2-16　不良行为投标数据

正常投标数据为：

	标段名称	包号	供应商代号
5	20kV环网柜	包1	供应商SF
6	20kV环网柜	包1	供应商SG
7	20kV环网柜	包1	供应商SH
8	20kV环网柜	包1	供应商SI
9	20kV环网箱	包1	供应商SV
10	20kV环网箱	包1	供应商SJ
11	20kV环网箱	包1	供应商SK
12	20kV环网箱	包1	供应商SG
13	20kV环网箱	包1	供应商SL
14	20kV环网箱	包1	供应商SI
15	20kV环网箱	包1	供应商SV
16	铁塔	包2	供应商SH
17	铁塔	包1	供应商SN
18	铁塔	包1	供应商SO

图 2-17　正常投标数据

二、招投标数据分析与可视化

在投标时，供应商的报价报表中有时会存在异常数据，需要针对异常数据进行清洗，再通过透视表对电力报价最小值、最大值及平均值进行统计分析，最后通过可视化展示数据，以方便进行下一步分析。注意：本案例数据已做处理，仅用来进行示例。

需处理的数据存储于"1_投标数据案例.xlsx"中。对于该问题的处理可分为 4 步，具体如表 2-13 所示。

表 2-13　招投标数据透视与可视化处理步骤

步骤	操作
数据源读取	通过编程完成对文件"1_投标数据案例.xlsx"中信息数据的读取
数据清洗	剔除或修正异常数据
数据透视表	按照要求进行统计分析，最后得出透视表
数据可视化	根据透视表进行数据可视化

（一）源数据读取

读取文件"1_投标数据案例.xlsx"中的"案例2_供应商投标报价工作表"数据，赋值为p_data。代码如下所示。

```
p_data = pd.read_excel(r'./1_投标数据案例.xlsx',sheet_name='案例2_供应商投标报价')
```

（二）数据清洗

针对本案例的"供应商投标报价"数据，使用 3 delta 原则处理离群值，通过计算投标价格的平均值 u，标准差 delta，以 3 delta 原则来清洗无效数据。代码如下所示。

```
p_data['投标价格（万元）'].hist(bins=20)
u = p_data['投标价格（万元）'].mean()    #投标价格的平均值
delta = p_data['投标价格（万元）'].std()  #投标价格的标准差
a = u - 3 * delta
b = u + 3 * delta
p_data=p_data[(p_data['投标价格（万元）']<=b)]
```

（三）数据透视表

按照分标名称、包号进行数量，以及报价最小值、最大值和平均值的统计分析，最后得出透视表。代码如下所示。

```
# pt = pd.pivot_table(p_data, index=['分标名称','包号'], columns=[],
values=['投标价格（万元）','分标编号'], aggfunc={'投标价格（万元）':np.max,'
投标价格（万元）':np.min,'投标价格（万元）':np.average,'分标编号':'count'},
margins=True)
```

```
    pt1 = pd.pivot_table(p_data, index=['分标名称','包号'], columns=[],
values=['投标价格(万元)','分标编号'], aggfunc={'投标价格(万元)':np.max,'分标编
号':'count'}, margins=False)
    pt2 = pd.pivot_table(p_data, index=['分标名称','包号'], columns=[],
values=['投标价格(万元)','分标编号'], aggfunc={'投标价格(万元)':np.min,'分标编
号':'count'}, margins=False)
    pt3 = pd.pivot_table(p_data, index=['分标名称','包号'], columns=[],
values=['投标价格(万元)','分标编号'], aggfunc={'投标价格(万元)':np.average,'分
标编号':'count'}, margins=False)
    pt1.to_excel(r'最大值.xlsx')
    pt2.to_excel(r'最小值.xlsx')
    pt3.to_excel(r'平均值.xlsx')
    print(pt1,pt2,pt3)
```

数据透视表结果如图 2-18 所示。

```
F:\python爬虫\venv\Scripts\python.exe F:/python爬虫/实例2.py
最大值
                分标编号    投标价格(万元)
分标名称          包号
110kV干式变压器   包1      8    183.4120
20kV干式变压器    包1      7    164.0534
220kV干式变压器   包2      4    190.6670
最小值
                分标编号    投标价格(万元)
分标名称          包号
110kV干式变压器   包1      8    140.935
20kV干式变压器    包1      7    129.724
220kV干式变压器   包2      4    172.471
平均值
                分标编号    投标价格(万元)
分标名称          包号
110kV干式变压器   包1      8    161.253750
20kV干式变压器    包1      7    140.301202
220kV干式变压器   包2      4    179.893250

Process finished with exit code 0
```

图 2-18　招投标数据据透视表

(四)数据可视化展示

可视化代码如下所示。

```
import pandas as pd
import matplotlib.pyplot as plt
from pylab import mpl
```

```
n=input("文件名: ")
nn=n-".xlsx"
mpl.rcParams['font.sans-serif'] = ['SimHei']
mpl.rcParams['axes.unicode_minus'] = False
house = pd.read_excel(nn)
mean_price_district = house['投标价格（万元）']
mean_price_district.plot(kind='bar')
print(mean_price_district)
plt.title(n)
plt.xlabel(u"分标名称")
plt.ylabel(u"投标价格（万元）")
plt.show()
```

结果如图 2-19、图 2-20 和图 2-21 所示。

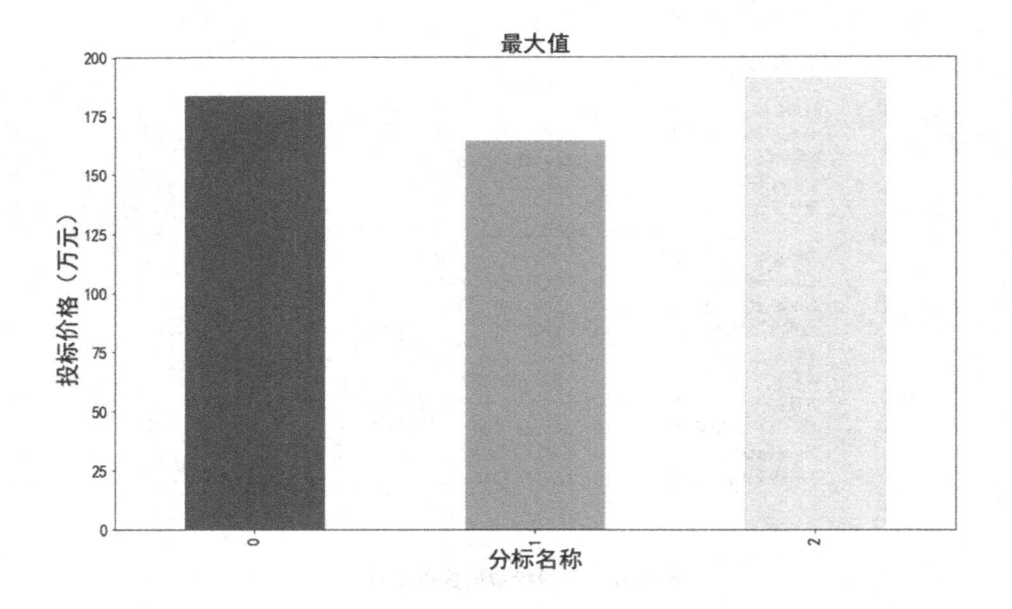

图 2-19　投标价格最大值（按分标名称）

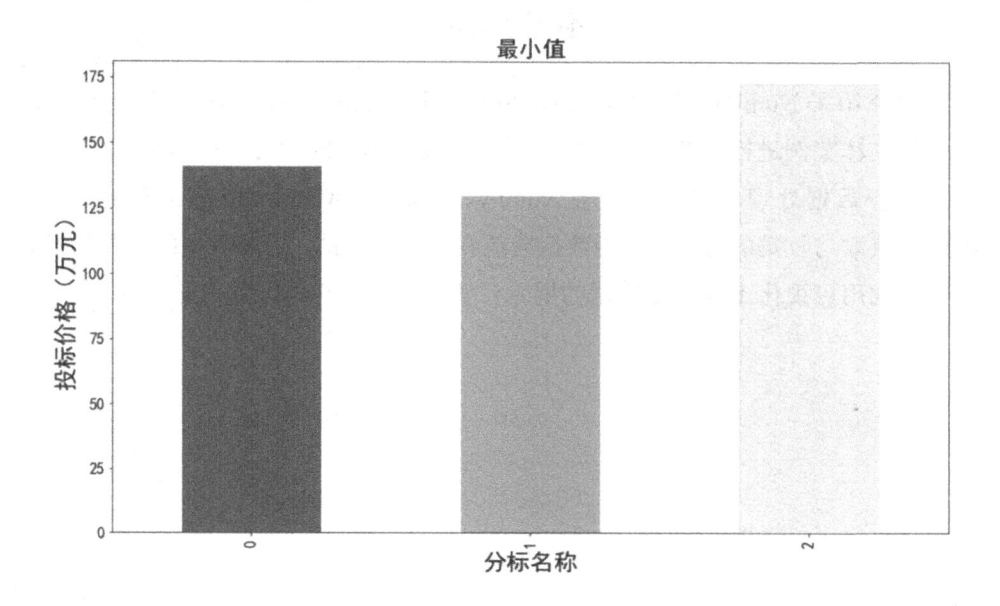

图 2-20　投标价格最小值（按分标名称）

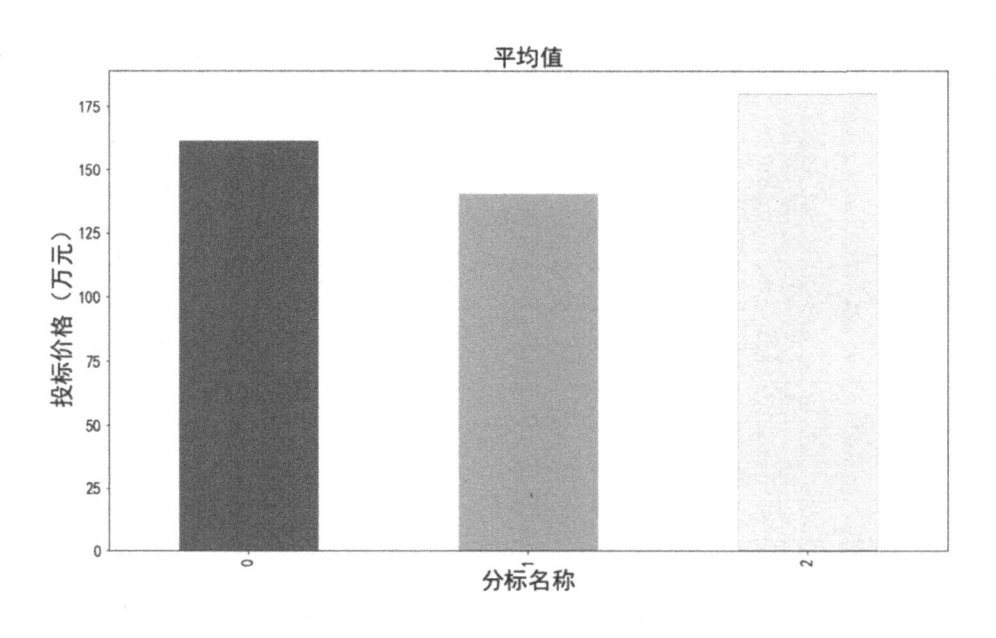

图 2-21　投标价格平均值（按分标名称）

本章小结

本章介绍了 NumPy、Pandas、Matplotlib 3 个 Python 数据处理库的安装和使用，针对具体案例进行了数据挖掘与分析。通过对本章的学习，读者可了解应用 Python 进行数据处理的过程，学会 NumPy、Pandas、Matplotlib 等工具的使用，掌握数据获取与收集的方法，学会数据清洗和整理的方法，了解数据统计的方法，最后能够利用可视化工具进行数据的展示，实现数据处理的完整流程。

第三章

Python 自动化办公库的使用

第一节 自动化办公概述

数字化是电网企业发展的关键手段。以国网公司为例，早在"十一五"期间，国网公司就确定了依托信息化、数字化手段加强公司集团化运作、集约化发展、精细化管理和标准化建设的决策，构建了协同办公、国网学堂等一级统一推进系统。但是，国网公司内部业务繁多，各个专业都涉及大量的台账、文档，处理此类台账、文档往往需要花费大量时间。因此，需要使用自动化办公提高工作效率。

本章将介绍如何使用 Python 进行自动化办公，主要介绍 Excel 的自动化办公和 Word 的自动化办公。

Python 中的多个库支持 Excel 自动化的办公。

xlrd：最常用的 Excel 操作库，可以实现对 Excel 文件的读取，以及比较精细的控制。

xlwings：既可以操作微软的 Excel，也可以操作 WPS 的 Excel。在操作 Excel 时，需要打开一个 Excel 文件，然后在 Python 解释器中导入 xlwings，即可使用其操作 Excel。

xlsxwriter：用于向生成的 Excel 表格中插入数据、图表等。

Python 中支持 Word 自动化办公的库主要为 Python-docx 库，Python-docx 为 Python 的第三方模块，用于自动化生成和修改 Word 文档。

第二节 xlrd 的安装与使用

xlrd 是 Python 环境下对 Excel 中的数据进行读取的一个模板。xlrd 的使用方法与 Excel 中的框架一致，book 表示工作簿，sheet 表示工作表，cell 表示单元格。在使用 xlrd 处理 Excel 时，先读取工作簿，然后指定 sheet 名或对应索引获取工作表的内容，之后再根据行列获取单元格。

一、xlrd 的安装

通常情况下，我们可以通过在 cmd 命令窗口执行 pip 命令来安装 xlrd：pip install xlrd。当然，我们也可以到 Python 官网下载 whl 文件安装 xlrd，下载地址为：http://pypi.Python.org/pypi/xlrd，这里不再赘述。

验证 xlrd 是否安装成功，只需导入 xlrd 模块即可，代码如下所示。

```
import xlrd
```

如无报错，即安装成功。

以下为部分 xlrd 相关的网站，读者可访问配合本书学习。

- 官方网站：https://pypi.org/project/xlrd/
- GitHub：https:// https://github.com/Python-excel/xlrd
- 官方文档：https://xlrd.readthedocs.io/en/latest/

需要注意的是，默认安装的是 2.0.1 版本的 xlrd，该版本不支持 xlsx 文件，当要执行 xlsx 文件时可以安装旧版 xlrd。要删除 xlrd，可以打开 cmd 命令窗口，先执行 pip uninstall xlrd 命令删除 xlrd，再执行 pip install xlrd==1.2.0 命令安装 1.2.0 版本的 xlrd，结果如图 3-1 所示。

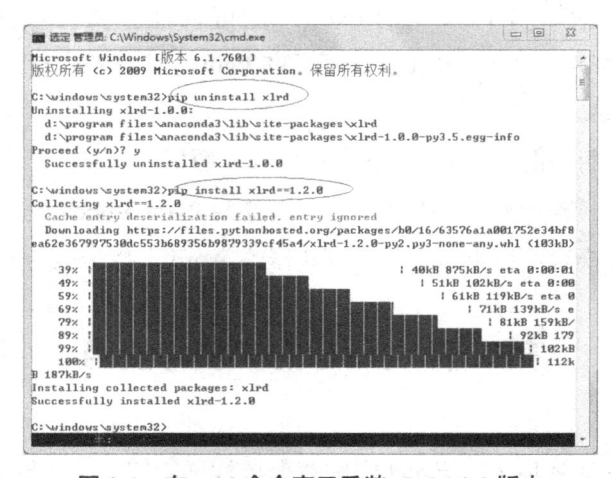

图 3-1　在 cmd 命令窗口重装 xlrd 1.2.0 版本

二、获取工作表

（一）打开 Excel 文件

使用 xlrd 时，我们首先需要利用它打开 Excel 工作表，需要使用 open_workbook() 函数，该函数的声明如下所示。

```
xlrd.open_workbook(
    filename=None,
    logfile=<_io.TextIOWrapper name='<stdout>' mode='w' encoding='UTF-8'>,
    verbosity=0,
    use_mmap=1,
    file_contents=None,
    encoding_override=None,
    formatting_info=False,
    on_demand=False,
    ragged_rows=False
)
```

filename 用于指定需要打开的 Excel；logfile 表示输出日志，默认为 sys.stdout；verbosity 参数用于设置增加日志输出详细程度；use_mmap 用于指定是否开启 mmap 模块；file_contents 表示传入字符串或使用 mmap 对象来覆盖 filename 参数；encoding_override 参数用来处理老版本的 Excel 文件；formatting_info 默认为 False，会把存在格式信息但没有数据的单元格当成空来对待，当取值为 True 时，则会读取各种格式的信息；on_demand 表示控制 sheet 表是在初始化时全部加载还是在调用时加载；ragged_rows 默认为 False，表示所有行都用空单元格填充，如果设置为 True，则表示行的末尾没有空单元格。

以上参数中，只有 Filename 为必选参数，其他参数均为可选参数，函数返回 book 实例。

（二）获取工作表对象

open_workbook() 函数仅仅打开了 Excel 文件，获取工作表需要使用 sheets() 函数，我们来看以下的代码。

```
import xlrd
data = xlrd.open_workbook("报名汇总表.xlsx")
sheets = data.sheets()
for sheet in sheets:
    print(sheet.name)
```

sheets() 函数用于获取该 book 所有的工作表对象，然后用 for 循环遍历输出所有工作表的名字。

报名汇总表.xlsx 文件中有 4 个工作表，分别为说明、电网组、电厂组、综合组，如图 3-2 所示。

执行以上代码后，结果如图 3-3 所示。

图 3-2　报名汇总表.xlsx 文件截图　　　　图 3-3　运行结果

sheets() 函数的返回类型是列表，因此也可以通过索引顺序获取工作表，使用 data.sheets()[sheet_indx] 或 data.sheet_by_index(sheet_indx) 通过索引顺序获取，相关代码及结果如下所示。

```
In    import xlrd
      data = xlrd.open_workbook("报名汇总表.xlsx")
      print(data.sheets()[0])
      print(data.sheets()[0].name)
      print(data.sheet_by_index(1))
      print(data.sheet_by_index(1).name)
```

```
Out     <xlrd.sheet.Sheet object at 0x000000000EF74048>
        说明
        <xlrd.sheet.Sheet object at 0x000000000FFC7748>
        电网组
```

如果知道了工作表的名字，那么可以通过指定名字获取工作表，使用 data.sheet_by_name(sheet_name) 函数，相关代码及结果如下所示。

```
In      import xlrd
        data = xlrd.open_workbook("报名汇总表.xlsx")
        print(data.sheet_by_name('电网组'))
Out     <xlrd.sheet.Sheet object at 0x000000000FFEBEF0>
```

如果不知道表名，可以通过 data.sheet_names() 函数获取表名，相关代码及结果如下所示。

```
In      import xlrd
        data = xlrd.open_workbook("报名汇总表.xlsx")
        print(data.sheet_names())
Out     ['说明', '电网组', '电厂组', '综合组']
```

三、Excel 数据读取操作

xlrd 支持对 Excel 的行、列和单元格进行操作。

（一）对 Excel 的行操作

前面介绍了获取工作表对象的方法，工作表对象具有多个属性和方法，我们可以直接访问这些属性或使用这些方法进行操作。

（1）使用 nrows 属性获取 sheet 表的行数。

```
In      import xlrd
        data = xlrd.open_workbook("报名汇总表.xlsx")
        sh1=data.sheets()[1]
        print(sh1.nrows)
Out     24
```

（2）使用 row() 方法获取 sheet 表中指定行的内容。

```
In      import xlrd
        data = xlrd.open_workbook("报名汇总表.xlsx")
        sh1=data.sheets()[1]
        print(sh1.row(3))
```

```
Out        [text:'绍兴供电公司', text:'智慧电表', text:'李四', text:'15167******']
```

（3）使用 row_values() 方法获取指定行的所有单元格数值组成的列表。

```
In         import xlrd
           data = xlrd.open_workbook("报名汇总表.xlsx")
           sh1=data.sheets()[1]
           print(sh1.row_values(3))
Out        ['绍兴供电公司', '智慧电表', '李四', '15167******']
```

（4）使用 row_len 获取指定行的有效长度。

```
In         import xlrd
           data = xlrd.open_workbook("报名汇总表.xlsx")
           sh1=data.sheets()[1]
           print(sh1.row_len(3))
Out        4
```

（二）对 Excel 的列操作

我们也可以直接访问 sheet 表属性或使用这些方法进行列操作，列的操作和行的操作十分类似。

（1）使用 ncols 属性获取 sheet 表的列数。

```
In         import xlrd
           data = xlrd.open_workbook("报名汇总表.xlsx")
           sh1=data.sheets()[1]
           print(sh1.ncols)
Out        4
```

（2）使用 col() 方法获取 sheet 表中指定列的内容。

```
In         import xlrd
           data = xlrd.open_workbook("报名汇总表.xlsx")
           sh1=data.sheets()[1]
           print(sh1.col(1))
Out        [empty:'', text:'成果名称', text:'绿色能源监测系统', text:'智慧电表',
           text:'智慧数字化决策系统', text:'新型充电桩', text:'电力综合社区', text:'
           碳足迹地图', text:'乡村振兴', text:'故障停电预测模型', text:'智慧专家系统',
           text:'综合数字孪生系统', text:'变电站设备识别应用', text:'智能GIS设备研制',
           text:'无人机巡检系统', text:'缺陷故障感知模型', text:'电网客户侧资源预测',
           text:'负荷动态平移技术', text:'氢电耦合控制平台', text:'区域碳中和研究',
           text:'中短期电量预测研究', text:'人工智能调度平台', text:'产业链图谱研究',
           text:'光伏能效']
```

（3）使用 colvalues() 方法获取指定列的所有单元格数值组成的列表。

```
In      import xlrd
        data = xlrd.open_workbook("报名汇总表.xlsx")
        sh1=data.sheets()[1]
        print(sh1.col_values(1))
        print('\n')
        print(sh1.col_values(1,2,5))
Out     ['', '成果名称', '绿色能源监测系统', '智慧电表', '智慧数字化决策系统', '新
        型充电桩', '电力综合社区', '碳足迹地图', '乡村振兴', '故障停电预测模型', '
        智慧专家系统', '综合数字孪生系统', '变电站设备识别应用', '智能GIS设备研制',
        '无人机巡检系统', '缺陷故障感知模型', '电网客户侧资源预测', '负荷动态平移技
        术', '氢电耦合控制平台', '区域碳中和研究', '中短期电量预测研究', '人工智能调
        度平台', '产业链图谱研究', '光伏能效']
        ['绿色能源监测系统', '智慧电表', '智慧数字化决策系统']
```

（三）对 Excel 的单元格操作

xlrd 中的单元格用 cell 表示，进行单元格操作的函数也是和 cell() 相关的函数。

（1）使用 cell() 函数获取指定单元格中的内容类型与内容。

```
in      import xlrd
        data = xlrd.open_workbook("报名汇总表.xlsx")
        sh1=data.sheets()[1]
        print(sh1.cell(3,3))
Out     text:'15167******'
```

（2）使用 cell_type() 方法获取指定单元格中的数据类型，单元格的数据类型代码有 5 种，0 为空白，1 为字符串，2 为数字，3 为日期，4 为布尔值。

```
In      import xlrd
        data = xlrd.open_workbook("报名汇总表.xlsx")
        sh1=data.sheets()[1]
        print(sh1.cell_type(3,3))
Out     1
```

（3）使用 cell() 方法获取指定单元格中的具体数据。

```
In      import xlrd
        data = xlrd.open_workbook("报名汇总表.xlsx")
        sh1=data.sheets()[1]
        print(sh1.cell_value(3,3))
Out     15167******
```

第三节　xlsxwriter 的安装与使用

xlsxwriter 模块是 Python 用来进行 xlsx 文件写入的模块，可以向 Excel 2007 及以上版本中写入文本、数字公式等内容。

一、xlsxwriter 的安装

通常情况下，我们可以通过在 cmd 命令窗口执行 pip 命令来安装 xlsxwriter：pip install xlsxwriter。当然，我们也可以到 Python 官网下载 whl 文件安装 xlsxwriter，下载地址为：https://pypi.org/project/XlsxWriter/，这里不再赘述。

验证 xlsxwriter 是否安装成功，只需导入 xlsxwriter 模块即可，代码如下所示。

```
import xlsxwriter
```

如无报错，即安装成功。

以下为部分 xlsxwriter 相关的网站，读者可访问配合本书学习。

- 官方网站：https://pypi.org/project/XlsxWriter/
- GitHub：https://xlsxwriter.readthedocs.io/#
- 官方文档：https://xlsxwriter.readthedocs.io/#

二、创建数据表

（一）创建 Excel 文件

xlsxwriter 支持新建 Excel 文件，需要使用 Workbook() 函数，该函数的声明如下所示。

```
xlsxwriter.Workbook(filename[,options])
```

filename 即为需要创建的文件名，注意该文件名要以 .xlsx 为扩展名；options 是各类可选参数，但这里的参数很少使用，因此这里不展开说明，该函数返回一个 Excel 文件实例。

（二）创建 sheet 对象

在创建完 Excel 文件后，即可使用 Excel 文件实例创建 sheet 对象，只有创建了 sheet 对象，我们才能进行写入操作。创建 sheet 对象使用 add_worksheet() 函数，该函数的声明如下所示。

```
wb.add_worksheet(sheet_name)
```

sheet_name 即为工作表名，这个参数是可选参数。如果不加参数，则会以 sheet1、sheet2 等对工作表进行命名。

三、Excel 写入操作

（一）写入文本

创建数据表对象后，可使用 sheet 实例调用 write() 函数，通过该函数可向单元格中写入数据，函数声明如下所示。

```
sheet.write(row, col, *args)
```

row 是指单元格所在的行；col 是指单元格所在的列；*args 则是可选参数，可以是写入的字符串，也可以使用这个参数指定单元格内容格式。

另外，和 write 相关的函数还有 write_row()、write-column()、wirte_url() 等。

write_row() 向单元格一次性写入一个列表的数据。

```
sheet.write_row(row,col,data[,cell_format])
```

在 row 行 col 列开始写入行，写入内容为 data；cell_format 是可选的格式化对象。

write_column() 向单元格一次性写入列。

```
sheet.write_url(row,col,data[,cell_format])
```

在 row 行 col 列开始写入列，写入内容为 data；和 wirte_row 一样，cell_format 也是可选的格式化对象。

write_url() 向工作表单元格写入超链接。

```
sheet.write_url(row,col,url[,cell_format[,string[,tip]]])
```

在 row 行 col 列所在单元格写入 url，cell_format 是可选的格式对象，因为没有格式的超链接看起来不像链接，因此会默认使用 Excel 超链接。string 是字符串类型的可选超链接显示字符串，tip 是字符串类型的可选提示信息。

接下来以 A 市、B 市某年二季度用电量统计表为例，向 Excel 进行写入，统计表如表 3-1 所示。

表 3-1　A 市、B 市某年第二季度用电量统计表

月份 地区	四月	五月	六月
A 市	37.13	42.47	50.61
B 市	38.32	41.76	52.91

相关代码如下所示。

```
import xlsxwriter
wb = xlsxwriter.Workbook("data.xlsx")  # 创建Excel文件，data.xlsx为文件名
# 创建sheet工作表
sheet = wb.add_worksheet("newsheet")  # 括号内为表名，默认为sheet1,sheet2
# 写入
# sheet.write_string()#写入指定数据类型的数据
sheet.write(0, 0, "2023年度")  # 在指定单元格写入数据
sheet.merge_range(1, 0, 2, 2, "第二季度用电量统计")  # 合并单元格并写入数据
data = (
    ["四月", 37.13, 38.32],
    ["五月", 42.47, 41.76],
    ["六月", 50.61, 52.91],
)
sheet.write_row(3,0,["月份","A市","B市"])#写入一行数据
#写入数据
for index,item in enumerate(data):
    sheet.write_row(index+4,0,item)
    sheet.write(7,1,"=sum(B5:B7)")
    sheet.write(7,2,"=sum(C5:C7)")
    sheet.write_url(9,0,"http://www.baidu.com",string="更多数据")  #写入超链接
wb.close()#关闭写入的Excel文件
```

结果如图 3-4 所示。

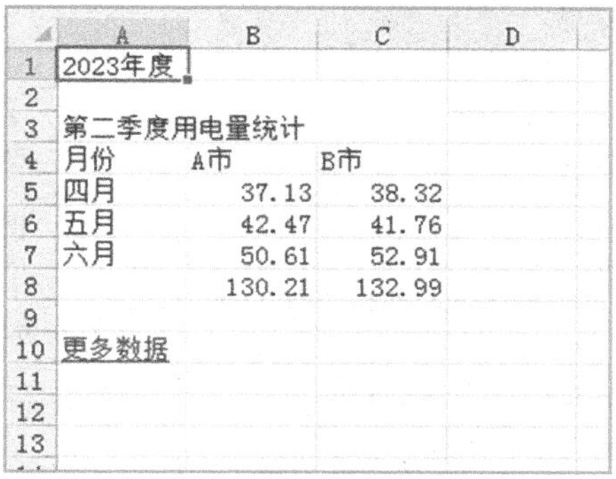

	A	B	C	D
1	2023年度			
2				
3	第二季度用电量统计			
4	月份	A市	B市	
5	四月	37.13	38.32	
6	五月	42.47	41.76	
7	六月	50.61	52.91	
8		130.21	132.99	
9				
10	更多数据			

图 3-4 将用电量统计数据写入的结果

（二）写入图表

图表也是 Excel 中常见的，xlsxwriter 可以在 sheet 工作表中写入图表，首先需要 book 对象调用 add_chart() 函数，该函数的声明如下所示。

```
book.add_chart(data)
```

这里加入的类型是字典类型，其中字典的键值对固定为 'type': value 形式，value 值具有如表 3-2 所示的选项。

表 3-2　add_chart() 中的图表类型

value 值	图表类型
area	面积图表
bar	柱状图表
line	折线图表
pie	饼图图表
scatter	散点图表
stock	股票图表
radar	雷达图表

该函数返回一个图表类型的对象，该对象具有多种方法，使用这些方法可以设置图表样式，如表 3-3 所示。

· 69 ·

表 3-3 chart 对象属性及说明

函数	用法
.set_title({'name':' 标题 '})	设置图表标题
.set_x_axis({'name':' 名称 '})	设置 X 轴描述内容
.set_y_axis({'name':' 名称 '})	设置 Y 轴描述内容
.add_series({'categories':' 图表类别 ,'value': 数据范围 ,'line':' 图表线条属性 '})	设置图表系列选项的字典
.set_size({'width'： 宽度 'height'： 高度 })	设置图表大小
.set_table(options)	设置 X 轴为数据表格形式

创建 chart 对象后，sheet 工作表便可以调用 .insert_chart() 方法插入图像，该方法的声明如下所示。

```
sheet.insert_chart(row,col,chart[,options])
```

在 row 行 col 列插入图表 chart，options 是可选的图表缩放参数。

我们继续以表 3-1 为例，在写入数据的同时，再写入以该统计表为基础制作的可视化图形，那么需要添加以下代码。

```
wb = xlsxwriter.Workbook("data1.xlsx")   # 创建Excel文件,data.xlsx为文件名
# 创建sheet工作表
sheet = wb.add_worksheet("newsheet")   # 括号内为表名，默认为sheet1,sheet2
# 写入
# sheet.write_string()#写入指定数据类型的数据
sheet.write(0, 0, "2023年度")   # 在指定单元格写入数据
sheet.merge_range(1, 0, 2, 2, "第二季度用电量统计")   # 合并单元格并写入数据
data = (
    ["四月", 37.13, 38.32],
    ["五月", 42.47, 41.76],
    ["六月", 50.61, 52.91],
)
sheet.write_row(3,0,["月份","A市","B市"])#写入一行数据
#写入数据
for index,item in enumerate(data):
    sheet.write_row(index+4,0,item)
    sheet.write(7,1,"=sum(B5:B7)")
    sheet.write(7,2,"=sum(C5:C7)")
```

```
        sheet.write_url(9,0,"http://www.baidu.com",string="更多数据")#写入超
链接
        #插入图表
        chart = wb.add_chart({'type': 'column'})
        chart.set_title({'name': '第二季度用电量统计'})
        # X Y描述信息
        chart.set_x_axis({'name': '月份'})
        chart.set_y_axis({'name': 'A市'})
        # 数据
        chart.add_series({
            'name': 'A市',
            'categories': '=newsheet!$A$5:$A$7',
            'values': ['newsheet', 4, 1, 6, 1]
        })
        chart.add_series({
            'name': 'B市',
            'categories': '=newsheet!$A$5:$A$7',
            'values': ['newsheet', 4, 2, 6, 2]
        })
        sheet.insert_chart(11,0,chart)
        wb.close()#关闭写入的Excel文件
```

结果如图 3-5 所示。

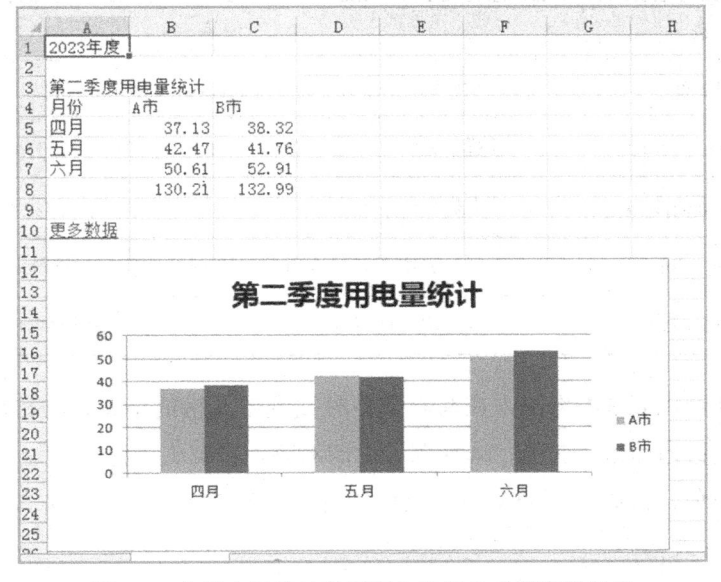

图 3-5　将用电量统计数据写入及其生成图表的结果

（三）写入图片

使用 xlsxwriter 可以在 sheet 工作表中插入图片，使用 insert_image() 函数来完成，该函数的声明如下所示。

```
sheet.insert_image(row,col,image[,options])
```

在 row 行 col 列开始插入图像，image 为具体的文件，options 为字典形式，定义了图像的位置、大小和图像链接。

（四）写入格式化配置

在 xlsxwriter 的 write() 函数中，cell_format 参数是可选的格式化对象。要使用该参数，首先需要新建格式化对象，使用 workbook 对象调用 add_format() 函数，该函数的声明如下所示。

```
workbook.add_format([properties])
```

properties 为 dict 类型，即指定一个格式属性的字典，如 {'bold':True} 即为设置字体加粗，该方法返回一个 cell_format 格式的对象。格式对象具备多个函数，如表 3-4 所示。

表 3-4　cell_format 常用函数及说明

函数	说明
.set_bold()	设置加粗，该函数等价于 workbook.add_format({'bold':True})
.set_font_color(color)	设置单元格中的字体颜色，color 为字符串类型的颜色参数
.set_font_size(size)	设置单元格中的字号大小，size 为数字类型的大小参数
.set_align(align)	设置单元格内容对齐方式，align 为字符串类型的对齐参数
.set_bg_color(color)	设置单元格背景颜色，color 为字符串类型的颜色参数

我们继续以表 3-1 为例，在写入数据时设置单元格的格式，将标题"二季度用电量"设置为加粗、红色、14 字号、中间对齐，将表头"月份""A 市""B 市"设置为深灰色，同时将根据表 3-1 生成的柱状图存为 view.png（如图 3-6 所示），插入到 sheet 表格中。

第二季度用电量统计

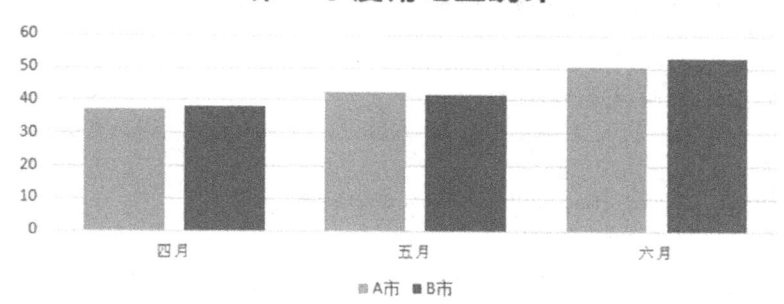

图 3-6　view.png

相关代码如下所示。

```
import xlsxwriter
wb = xlsxwriter.Workbook("data.xlsx")   # 创建Excel文件，data.xlsx为文件名
cell_format=wb.add_format({'bold':True})#格式对象
cell_format1=wb.add_format()#格式对象
cell_format1.set_bold()#设置加粗
cell_format1.set_font_color('red')#字体颜色
cell_format1.set_font_size(14)#字号
cell_format1.set_align('center')#对齐方式
cell_format2=wb.add_format()#格式对象
cell_format2.set_bg_color("#808080")#背景颜色，#808080为深灰色的rgb代码
# 创建sheet工作表
sheet = wb.add_worksheet("newsheet")   # 括号内为表名，默认为sheet1，sheet2
# 写入
# sheet.write_string()#写入指定数据类型的数据
sheet.write(0, 0, "2023年度",cell_format)   # 在指定单元格写入数据，并且应用cell_format格式
sheet.merge_range(1, 0, 2, 2, "第二季度用电量统计",cell_format1)   # 合并单元格并写入数据，并且应用cell_format1格式
data = (
    ["四月", 37.13, 38.32],
    ["五月", 42.47, 41.76],
    ["六月", 50.61, 52.91],
)
sheet.write_row(3,0,["月份","A市","B市"],cell_format2)#写入一行数据，并且应用cell_format2格式
```

```
#写入数据
for index,item in enumerate(data):
    sheet.write_row(index+4,0,item)
    sheet.write(7,1,"=sum(B5:B7)")
    sheet.write(7,2,"=sum(C5:C7)")
    sheet.write_url(9,0,"http://www.baidu.com",string="更多数据")#写入超链接
    sheet.insert_image(10,0,"view.png")#插入图片
wb.close()#关闭写入的Excel文件
```

关闭 Excel 文件，运行以上代码后打开 data.xlsx，结果如图 3-7 所示。

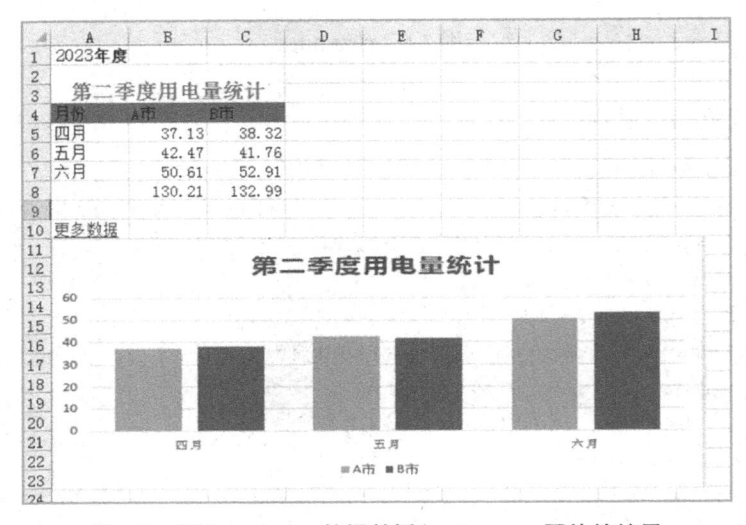

图 3-7　写入 practice 数据并插入 view.png 图片的结果

第四节　xlwings 的安装与使用

xlwings 是开源的 Python 库，支持对 Excel 文件的读取和写入，和 xlswriter 相比，它支持读写 NumPy、Pandas 数据类型，可将 Matplotlib 可视化图表导入到 Excel 中。

在 xlwings 中，Excel 程序用 App 来表示，多个 Excel 程序集合用 apps 表示；单个工作簿用 Book 表示，工作簿集合用 books 表示；单个工作表用 Sheet 表示，工作表集合用 sheets 表示；区域用 Range 表示，既可以是一个单元格，也可以

是一片单元格区域。使用 xlwings 必须安装 Excel 应用程序，因为在使用 xlwings 时，xlwings 直接调用的是 apps，也就是 excel 应用程序，然后再调用 books 和 sheets，最后才能操作 Range，如图 3-8 所示。

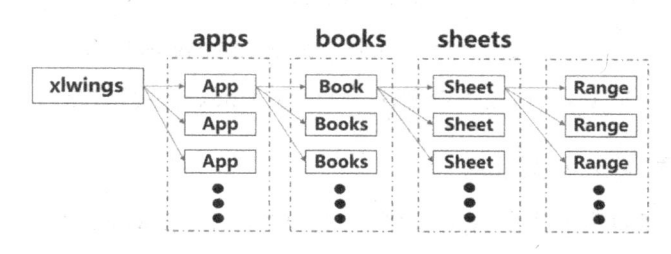

图 3-8　xlwings 结构

本节将按照 App 操作、Book 操作、Sheet 操作和 Range 操作的顺序进行介绍。

一、xlwings 的安装

xlwings 的安装方法与前面的 xlrd 类似，可以通过执行 pip install xlwings 命令进行安装；也可以到 Python 官网下载 whl 文件安装，下载地址为：https://pypi.org/project/xlwings/，这里不再赘述。

验证 xlwings 是否安装成功，只需导入 xlwings 模块即可，代码如下所示。

```
import xlwings as xw
```

如无报错，即安装成功。

以下为部分 xlwings 相关的网站，读者可访问配合本书学习。

- 官方网站：https://www.xlwings.org/
- GitHub：https://github.com/xlwings/xlwings
- 官方文档：https://docs.xlwings.org/en/stable/
- 中文文档：https://docs.xlwings.org/zh_CN/latest/course.html

二、App 操作

一个 App 对应一个 Excel 实例，要创建工作簿，首先要创建 App。通过 xlwings 创建多个 App，每个 App 又可以创建多个工作簿。apps 为所有打开的 App 的集合。

（一）创建 App

使用 App() 函数创建 Excel 实例，App() 函数的声明如下所示。

```
xlwings.App(visible=True,add_book=False)
```

visible 指定处理过程是否可视，即处理 Excel 的过程是否显示，如果为 false 则在后台处理；add_book 指定是否创建一个新的 Book。该函数返回一个 App 实例。

（二）查看 App 实例信息

现在，我们创建了两个 App 实例，此时可先调用 xlwings 中的 apps，再调用相关的属性和方法，相关代码及结果如下所示。

```
In    import xlwings as xw
      app1 = xw.App()
      app2 = xw.App()
      print(xw.apps)
      print(xw.apps.count)
Out   Apps([<Excel App 9608>, <Excel App 10448>])
      2
```

在输出的结果中，第一行即为两个 App 的进程号 pid，pid 用于识别不同的 App，第二行则为目前 App 的总数。查看打开 App 的进程号，还可以使用 .pid 属性，代码及结果如下所示。

```
In    import xlwings as xw
      app1 = xw.App()
      app2 = xw.App()
      print(app1.pid)
      print(app2.pid)
Out   10448
      9608
```

（三）引用 App

引用 App 即为明确操作的 App 对象。如果用户打开了两个 App，但只使用其中一个 App，那么就需要先进行引用，引用使用 [] 即可，相关代码如下所示。

```
In    import xlwings as xw
      app1 = xw.App()
      app2 = xw.App()
      print(xw.apps)
```

```
                app3=xw.apps[0]
                app4=xw.apps[1]
                print(app3.pid)
                print(app4.pid)
Out             Apps([<Excel App 9608>, <Excel App 10448>])
                9608
                10448
```

（四）激活 App

我们可以一次打开多个 App，但只能操作一个 App，我们正在操作的这个 App 称为当前活动的 App。所谓激活 App，也就是将某一个 App 转换为当前活动的 App，相关代码如下所示。

```
app1.activate(steal_focus=True)#激活app
```

当 steal_focus=True 时，Excel 程序变为最前台的应用，并且把焦点从 Python 切换到 Excel。除此之外，使用以下代码可直接引用当前活动的 App。

```
app4=xlwings.apps.active
```

（五）退出 App

退出 App 有两种方式，代码如下所示。

```
app1.kill()
app1.quit()
```

使用 kill() 方法可以杀掉进程，强制 Excel 退出；quit() 可以理解为退出 Excel 程序，但不保存任何工作簿。通常情况下，我们会使用 quit() 方法退出 App。

（六）其他 App 相关属性

（1）设置屏幕更新。屏幕更新是使我们可以看到 xlwings 对 Excel 操作的过程，默认情况下屏幕更新是打开的，关闭屏幕更新可以加快运行速度，相关代码如下所示。

```
app1.screen_updating=false#关闭屏幕更新
```

（2）设置提醒信息。在使用 Excel 的过程中，会产生提醒信息，默认情况下会反馈提醒信息，如关闭前的保存提示、数据有效性的警告窗口。如果想隐藏此类提醒信息，相关代码如下所示。

```
app1.display_alerts=False#关闭提醒信息
```

（3）更改计算模式的相关代码如下所示。

```
app1.calculation = 'manual'
```

calculation 的值表示工作簿的计算模式，有 manual（手动）、automatic（自动）和 semiautomatic（半自动）3 种方式。

三、Book 操作

Book 即工作簿，一个 App 可以创建多个 Book，这些 Book 的集合称为 books。

（一）新建 Book

新建 Book 有两种方式。

一种方式是使用 Book() 函数，该函数的声明如下所示。

```
xlwings.Book(fullname=None, impl=None)
```

fullname 即 Book 的文件名，例如 C:\path\to\file.xlsx 或 file.xlsx。如果没有完整路径，它将在当前工作目录中查找该文件，还函数返回一个 Book 对象。当没有打开 Excel 程序时，使用该函数能打开一个 Excel 文件。该函数和 App() 函数的不同之处在于，App() 函数也能打开 Excel，但如果将参数 add_book 设置为 False，则不会创建 Book，也不会产生对应的 pid；而使用 Book() 函数，一定会产生一个 Book 和 pid。

另一种方式是调用同一 App 中所有 Book 的集合，即使用 books 属性。使用 add() 函数的相关代码如下所示。

```
wb = app1.books.add()
```

由此，可在同一个 App 下创建一个新的 Book。

（二）打开 Book

打开 Book 也有两种方式。

一种方式是使用 Book() 函数。现在我们需要打开名为 practice.xlsx 的文件，相关代码如下所示。

```
wb = xw.Book('\practice.xlsx')
```

另一种方式是调用 books 中的方法，使用 open() 函数，相关代码如下所示。

```
wb = app1.books.oepn('\practice.xlsx')
```

如果只知道文件存储的绝对路径，则需要使用 r 或双反斜杠进行转译，相关代码如下所示。

```
wb1 = app1.books.open(r'C:\Users\ Desktop\practice.xlsx')
wb2=app1.Book('C:\\Users\\Desktop\practice.xlsx')
```

（三）引用 Book

引用工作簿需要调用 books()，现在我们想要引用工作簿 practice.xlsx，相关代码如下所示。

```
wb = app1.books('practice.xlsx')
```

引用工作簿也可以用数字来代替文件名，代码如下所示。

```
wb = app1.books(1)
wb=app1.books[0]
```

上述两行代码的效果是等价的，表示引用当前 app 打开的第一个工作簿，小括号中的序号是从 1 开始的，中括号中的序号则从 0 开始计数。

引用当前活动的 Book，相关代码如下所示。

```
wb = app1.books.active
```

（四）激活 Book

激活 Book 和激活 App 的代码类似，相关的代码如下所示。

```
wb.activate()
wb.activate(steal_focus=True)
```

和 App 一样，如果 steal_focus=True，则把窗口显示到最上层，并且把焦点从 Python 切换到 Excel。

（五）保存 Book

保存 Book 的相关代码如下所示。

```
wb.save(r'D:\test.csv')
```

如果不加参数，则默认保存在工作簿所在的路径。

（六）关闭 Book

关闭 Book 的相关代码如下所示。

```
wb.close()
```

此种方式会直接关闭工作簿，但不进行保存。因此，建议关闭前先保存，关闭后再使用 quit() 关闭 Excel 程序。

（七）其他 Book 相关属性

我们已经打开了 practice.xlsx 文件，接下来使用该文件介绍 Book 的其他属性。

（1）获取 Book 的绝对路径，相关代码如下所示。

```
In      print(wb.fullname)
Out     C:\Users\ Desktop\practice.xlsx
```

（2）获取 Book 名称的代码如下所示。

```
In      print(wb.name)
Out     practice.xlsx
```

（3）获取创建 Book 的 App 的代码如下所示。

```
In      print(wb.app)
Out     <Excel App 12300>
```

四、Sheet 操作

Sheet 即工作表，一个 Book 可以创建多个 Sheet，这些 Sheet 的集合称为 sheets。

（一）查看 Book 中包含的所有 Sheet

我们已经打开了 practice.xlsx，现在查看该 Book 中包含的所有 Sheet，相关代码及结果如下所示。

```
In      print(wb.sheets)
Out     Sheets([<Sheet [view.xlsx]Sheet1>])
```

（二）新建 Sheet

新建 Sheet 必须先调用 sheets，使用 add() 函数的相关代码如下所示。

```
sht = wb.sheets.add('sheet3',after='sheet2',before=None)
```

add() 函数有 3 个参数，第一个为新建的 Sheet 名，如果为空则使用 Excel 默认名称，after 和 before 则分别表示新建 Sheet 插入的位置，上述代码表示插入到 sheet2 表后，默认情况下插入到当前活动工作表之前。

（三）引用 Sheet

引用 Sheet 和引用 Book 一样，可以使用 Sheet 名，也可以使用数字，相关代码如下所示。

```
sht = wb.sheets('sheet1')
sht2=wb.sheets(1)
```

引用当前活动 Sheet 相关的代码如下所示。

```
sht = xw.sheets.active
```

（四）激活 Sheet

激活 Sheet 和激活 App、Book 的代码类似，相关的代码如下所示。

```
sht.activate()
```

（五）清除 Sheet 的内容

清除 Sheet 的内容包括清除所有内容，以及清除内容但保留格式两种方式。

清除所有内容指清除内容、格式、数据有效性条件、背景色等，相关代码如下所示。

```
sht.clear()
```

清除内容但保留格式的相关代码如下所示。

```
sht.clear_contents()
```

（六）删除 Sheet

删除 Sheet 的相关代码如下所示。

```
sht.delete()
```

使用该函数还可以删除隐藏的 Sheet。

（七）调整 Sheet 的行/列

调整 Sheet 的行/列高度、宽度，相关代码如下所示。

```
sht.autofit()
```

该函数可对行和列做自适应调整。如果只设置行自适应，则需要加入参数 rows 或 'r'；如果只设置列自适应，则需要加入参数 columns 或 'c'；如果不加参数，则表明同时进行行、列自适应。

（八）其他 Sheet 相关属性

我们已经打开了 practice.xlsx 文件并新建了 sheet1，接下来，我们通过 sheet1 介绍 Sheet 的其他属性。

（1）获取 Sheet 名称的代码如下所示。

```
In      print(sht.name)
Out     sheet1
```

（2）获取 Sheet 所在的 Book 的代码如下所示。

```
In      print(sht.book)
Out     <Book [practice.xlsx]>
```

（3）获取 Sheet 所有单元格区域对象的代码如下所示。

```
In      print(sht.cells)
Out     <Range [view.xlsx]sheet2!$1:$1048576>
```

这里返回的是 Sheet 表中的所有单元格，关于单元格的更多说明，将在后文做进一步的介绍。

（4）返回 Sheet 索引值的代码如下所示。

```
In      print(sht.index)
Out     1
```

这里会按照 Excel 的计数方式从 1 开始。

（5）返回 Sheet 中图表的代码如下所示。

```
In      print(sht.charts)
Out     []
```

sheet1 中没有插入任何内容，因此这里返回了空列表。

五、Range 操作

Range 表示区域，可以是单个单元格，也可以是多个单元格区域。

（一）获取区域

我们已经打开了 practice.xls，该文件中的内容如图 3-9 所示。

	A	B	C	D	E	F
1	**年终安全奖励明细					
2	序号	发现隐患人员	公司、室已奖金额	室年终奖励情况	发现紧急缺陷人员	室年终奖励情况
3	1	徐**	800		金**	100
4	2	朱**	800		沈**	100
5	3	吴**	500		陈**	100
6	4	刘**	500		金**	100
7	5	郝**	500		章**	100
8	6	邢**	500		金**	100
9	7	何**	400		田**	100
10	8	赵**	400		卢**	100
11	9	温**	400		叶**	100
12	10	卢**	400		金**	100
13	11	陈**	400			
14	12	连**	400			
15	13	周*	400			
16	14	夏*	400			
17	15	马*	400			
18	16	周**	600			
19	17	王*	600			
20	18	刘**	400			
21	19	王*	400			
22	20	王*	300			
	21	冯**	集体制员工奖励到			

Sheet1　Sheet2　Sheet3

图 3-9　practice.xls

获取该文件中区域的方式有很多种，可以通过创建 Range 对象获取，也可以通过 .range 方法获取一个或多个单元格进行操作，相关代码及结果如下所示。

```
In      wb = xw.Book('practice.xls')
        print(xw.Range('A1:C3'))
        print(xw.Range((1,1), (3,3)))
        print(xw.Range('A1:C3'))
        print(wb.app.range("A1"))
        print(wb.sheets('sheet1').range('A1'))
Out     <Range [practice.xls]Sheet1!$A$1:$C$3>
        <Range [practice.xls]Sheet1!$A$1:$C$3>
        <Range [practice.xls]Sheet1!$A$1:$C$3>
```

```
<Range [practice.xls]Sheet1!$A$1>
<Range [practice.xls]Sheet1!$A$1>
```

获取区域可以使用 A1 表示坐标的元组、名字或直接使用 xw.Range 对象，也可用区域操作符号（如 'A1:B2'）来表示。在上述代码中，仅仅打印出了对象，未获取对象中的内容，如果获取内容要使用.value 方法，相关的代码及结果如下所示。

```
In   wb = xw.Book('practice.xlsx')
     print(xw.Range('A1:C3').value)
     print(xw.Range((1,1), (3,3)).value)
     print(xw.Range(xw.Range('A1'),xw.Range('C3')).value)
     print(xw.Range(xw.Range('A1:F6'),xw.Range('B2:D5')).value)
     print(wb.app.range("A1").value)
     print(wb.sheets('sheet1').range('A1').value)
Out  [['**年终安全奖励明细', None, None], ['序号', '发现隐患人员', '公司、室已
     奖金额'], [1.0, '徐**', 800.0]]
     [['**年终安全奖励明细', None, None], ['序号', '发现隐患人员', '公司、室已
     奖金额'], [1.0, '徐**', 800.0]]
     [['**年终安全奖励明细', None, None], ['序号', '发现隐患人员', '公司、室已
     奖金额'], [1.0, '徐**', 800.0]]
     [['**年终安全奖励明细', None, None, None, None, None], ['序号', '发现
     隐患人员', '公司、室已奖金额', '室年终奖励情况', '发现紧急缺陷人员', '室年终
     奖励情况'], [1.0, '徐**', 800.0, None, '金**', 100.0], [2.0, '朱**',
     800.0, None, '沈**', 100.0], [3.0, '吴**', 500.0, None, '陈**',
     100.0], [4.0, '刘**', 500.0, None, '金**', 100.0]]
     **年终安全奖励明细
     **年终安全奖励明细
```

（二）写入数据

xlwings 直接赋值完成写入操作，也支持写入整行及整列，此时可使用列表直接进行赋值，往 practice.xls 中写入内容，以下所示内容为写入一个单元格、一行的相关代码。

```
wb = xw.Book('practice.xls')
sht=wb.sheets('sheet1')
# 写入一个单元格
sht.range('B3').value = '大明'
# 一行或一列写入多个单元格
# 横向写入A4:C4
```

```
sht.range('A4:C4').value = [2,'朱班长',3000]
sht.range('A5').value = [3,'刘班长',4000]
```

写入后的结果如图 3-10 所示。

	A	B	C	D	E	F
1			**年终安全奖励明细			
2	序号	大明	公司、室已奖金额	室年终奖励情况	发现紧急缺陷人员	室年终奖励情况
3	1	大明	800		金**	100
4	2	朱班长	3000		沈**	100
5	3	刘班长	4000		陈**	100
6	4	刘**	500		金**	100
7	5	郝**	500		章**	100

图 3-10 在 practice.xls 中写入数据的结果

在上述代码中，在 Range 中指定范围即可表明写入的范围，也可以不指定范围，根据列表的长度自动确定。如果要纵向写入，就需要使用 options 方法，options 函数的声明如下所示。

```
range.options(convert=None, **options)
```

convert 为转换器设置，可将 Excel 的单元格转换为字典，如 Pandas 中的 DataFrame、Series 等。options 为转换器的设置选项，有多个可选设置，这里仅介绍几个常用的选项，ndim 即为转换后的维度；number 即数字的类型，默认为 int；transpose 即是否转置；expand 扩展 Range 对象，扩展为 'table' 即同时往下、往右扩展，扩展为 'right' 即只往右扩展，扩展为 'down' 即只往下扩展。因此，如果要往列写入的话，需要将 transpose 设置为 true，相关代码如下所示。

```
# 纵向写入A3:A5
sheet.range('A3').options(transpose=True).value = [101,102,103]
```

写入后的结果如图 3-11 所示。

	A	B	C
1			**年终安全奖
2	序号	大明	公司、室已奖金额
3	101	大明	800
4	102	朱班长	3000
5	103	刘班长	4000
6	4	刘**	500

图 3-11 在 practice.xls 中使用 options 写入的结果

往 practice.xls 中的多个单元格中写入，代码如下所示。

```
C5=sht.range('B5')
C5.options(transpose=True,expand='down').value=[['刘','朱',
'珊'],[5000,5000,5000]]
```

结果如图 3-12 所示。

	A	B	C
1			**年终安全奖
2	序号	大明	公司、室已奖金额
3	101	大明	800
4	102	朱班长	3000
5	103	刘	5000
6	4	朱	5000
7	5	珊	5000

图 3-12　在 practice.xls 中使用 options 多个单元写入数据的结果

（三）修改行高、列宽

修改行高、列宽的相关代码如下所示。

```
sht.range('A1:A2').row_height = 15
sht.range('A1:A2').column_width = 10
```

（四）获取及设置公式

在 xlwings 中可以调用 Excel 公式，相关代码如下所示。

```
# 获取公式
print(sht.range('B2').formula_array)
# 写入公式
sht.range('B2').formula='=SUM(A1,A2)'
```

（五）获取、设置及清除颜色格式

在 xlwings 中也可以对单个或多个单元格设置颜色，相关代码如下所示。

```
# 获取颜色
print(sht.range('C1').color)
# 设置颜色
sht.range('C1').color=(255,0,120)
# 清除颜色
sht.range('C1').color=None
```

（六）定位边界单元格

一个 Sheet 的单元格边界包含上、下、左、右 4 个边界，使用 end 函数可以确定边界，相关代码及结果如下所示。

```
In      print(sht.range('A1').end('up'))
        print(sht.range('A1').end('down'))
        print(sht.range('A1').end('left'))
        print(sht.range('A1').end('right'))
Out     <Range [practice.xls]Sheet1!$A$1>
        <Range [practice.xls]Sheet1!$A$44>
        <Range [practice.xls]Sheet1!$A$1>
        <Range [practice.xls]Sheet1!$IV$1>
```

end 函数中的参数可选 'up'、'down'、'right'、'left'，返回的结果与使用 Ctrl+Up、Ctrl+Down、Ctrl+Left 或 Ctrl+Right 组合键得到的结果相同。

（七）Range 其他相关属性

我们已经打开了 practice.xlsx，接下来继续以该文件为例介绍 Range 其他相关的属性。

（1）名称管理。设置及获取区域名称，相关代码及结果如下所示。

```
In      sht.range('B5').name='test'
        print(sht.range('B5').name)
Out     <Name 'test': =Sheet1!$B$5>
```

如果没有名称，则返回空。

（2）区域内单元格数量。相关代码及结果如下所示。

```
In      print(sht.range('A1:C3').count)
        print(sht.range('A1:C3').size)
Out     9
        9
```

count 和 size 都可以返回单元格数量。

（3）返回区域所属的工作表。返回单元格所属的工作表，相关代码及结果如下所示。

```
In      A1=sht.range('A1')
        print(A1.sheet)
Out     <Sheet [practice.xls]Sheet1>
```

第五节 Python-docx 的安装与使用

Python-docx 包可用来创建 docx 文档，也可以处理段落、分页符、表格、图片、标题、样式等。

一、文档结构

Python-docx 将整个文档看作一个 Document 对象，其基本结构如下所述。

每个 Document 包含许多个代表"段落"的 Paragraph 对象，存放在 document.paragraphs 中；每个 Paragraph 都有许多个代表"行内元素"的 run 对象，存放在 paragraph.runs 中；而 run 对象中又包含内容（text）、字体（font）、颜色（color）、字号（size），如果 Word 文档中有表格，那么它也是包含在段落 Paragrah 中的，table 对象又包含行（rows）、列（columns）、单元格（cell），完整的文档结构如图 3-13 所示。

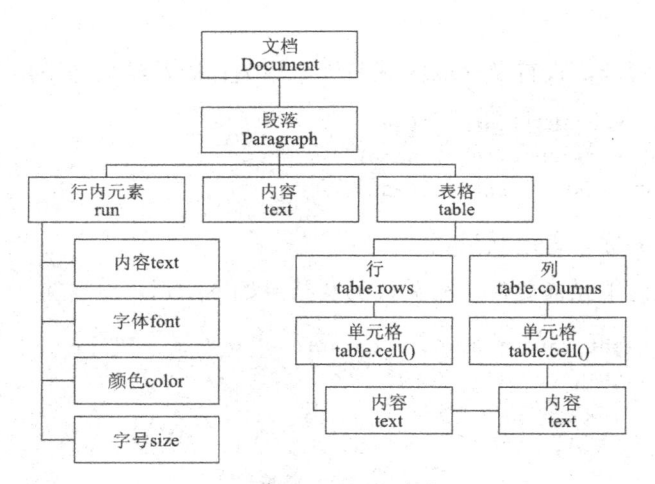

图 3-13 文档的结构

run 是最基本的单位，每个 run 对象中的文本样式都是一样的，因此，如果一行内有多个样式，那么就会产生多个 run 对象。如图 3-14 所示，该图中有 4 种样式，那么会产生 4 个 run 对象。

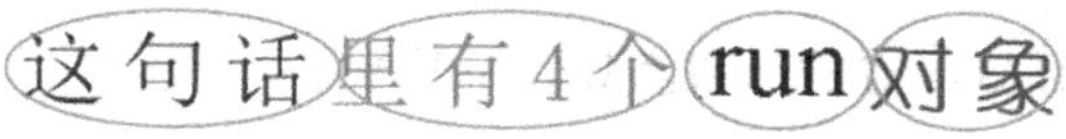

这句话里有4个run对象

图 3-14　包含 4 个 run 对象的文本

Python-docx 文件生成文档对象时，会根据样式将文本切分为多个 run 对象。该结构与 Excel 非常类似，可以看成 Document、Paragrah、table.row/column/cell 的层级结构。

二、Python-docx 的安装与导入

通常情况下，我们可以通过在 cmd 命令窗口执行 pip 命令来安装 Python-docx：pip install Python-docx。当然，我们也可以到 Python 官网下载 whl 文件安装 Python-docx，下载地址为：https://pypi.org/project/Python-docx/，这里不再赘述。

验证 Python-docx 是否安装成功，可使用如下所示的代码。

```
from docx import Document
```

如无报错，即安装成功。

以下为部分 Python-docx 相关的网站，读者可访问配合本书学习。

- 官方网站：pypi.org/project/Python-docx/
- GitHub：https://github.com/Python-openxml/Python-docx
- 官方文档：Python-docx.readthedocs.io/

三、Document 的操作

（一）新建或打开文件

Document 即为 Word 文件，用 docx 的 Document 构造函数，即可新建或打开文件，该函数的声明如下所示。

```
docx.Document(docx=None)
```

参数 docx 即为指定的文档路径。如果指定路径则打开文档；如果没有指定路径则新建文档，函数返回 Document 对象。

（二）保存文件

保存文件，使用 save 方法，该函数的声明如下所示。

```
docx.save(path_or_stream)
```

参数即为要保存的文件路径，或者要保存的文件流，一般指定路径即可。

四、段落的操作

段落 Paragraph 是 Word 文件的基础，也是 Word 中最常见的。进行段落操作，必须利用 Document 对象调用相关方法。下面，将以 Word 文件 "练习 8.docx" 为例，说明 Python-docx 的段落操作，该文件如图 3-15 所示。

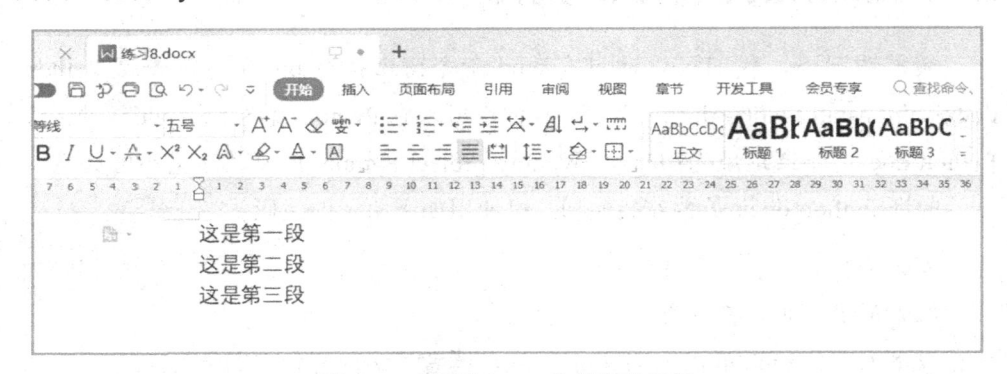

图 3-15 "练习 8.docx" 的原始数据

Document 实例中包含多个段落，使用 document.paragraphs 可获取这些段落的列表，因此可使用 [] 进行定位，也可以进行迭代、求长度等操作，段落有一个常用的属性 .text，可获取段落内容。

（一）段落的定位

前面介绍过，段落可使用 [] 进行定位，相关代码及结果如下所示。

```
in      from docx import Document
        documnet = Document('练习8.docx')
        print(len(document.paragraphs))
        para = document.paragraphs[1]
        print(para.text)
Out     3
        这是第二段
```

（二）添加段落

创建段落可使用 add_paragraph() 方法，相关代码如下所示。

```
from docx import Document
document = Document('练习8.docx')
para1 = document.add_paragraph('这是测试段落')
```

创建段落默认是在上一个段落后插入，如要在段落前插入，则可以使用 insert_paragraph_before() 方法，其参数同 add_paragraph()，相关代码如下所示。

```
prior_paragraph = para1.insert_paragraph_before('这是前面的段落。')
document.save('练习8.docx')
```

以上两段代码得到的结果如图 3-16 所示。

图 3-16　添加段落的结果

五、run 的操作

在段落中，包括多个 run 对象，创建 paragraph 实例后，使用 paragraph.runs 可以获取该段落中 run 对象的列表，因此可使用 [] 进行定位，其定位方法和段落的定位方法一样，也可以进行迭代、求长度等操作，run 对象具有 .text 和 .font 等多个属性。下面，继续使用"练习 8.docx"介绍 run 的操作。

（一）创建 runs

创建 runs，可调用段落实例，使用 add_run() 方法，相关代码如下所示。

```
from docx import Document
document = Document('练习8.docx')
para1 = document.add_paragraph(' ')
para1.add_run('字块1')
para1.add_run('字块2')
document.save('练习8.docx')
```

上述代码结果如图 3-17 所示。

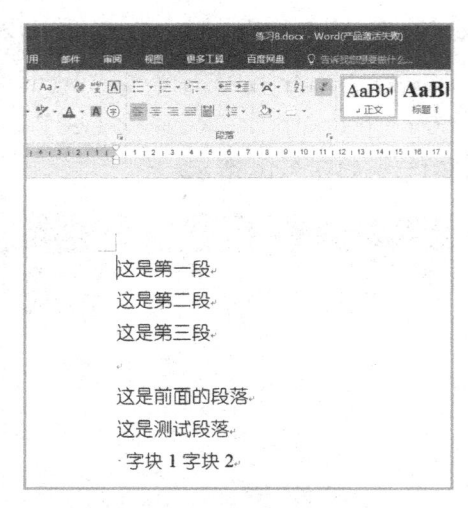

图 3-17 创建 runs 的结果

（二）遍历 runs

遍历 runs，获取内容需要使用 .text 属性，相关代码及结果如下所示。

```
In    from docx import Document
      document = Document('练习8.docx')
      for para in document.paragraphs:
          for run in para.runs:
              print(run.text)
Out   这是第一段
      这是第二段
      这是第三段
      这是测试段落
      这是前面的段落

      字块1
      字块2
```

上述代码输出了所有文字，因为在创建段落时就默认创建了 runs 对象。

六、表格的操作

在 Python-docx 中，table 表格对象分为两种。一种称为顶级表格，和段落同级；另一种是嵌套在表格中的表格。嵌套表格在日常的文档处理中不如顶级表格常见，因此这里只讨论顶级表格的操作。下面，将新建 Word 文档"练习 1.docx"，介绍表格的操作。

（一）创建表格

创建表格，可使用 add_table() 方法，相关代码如下所示。

```
from docx import Document
document = Document()
table = document.add_table(rows=2,cols=3,style='Table Grid')#创建2行3列的表格
document.save('练习1.docx')
```

代码结果如图 3-18 所示。

图 3-18　创建表格的结果

在上述代码中，添加表格时使用了 style 参数，用以设置表格的形式。关于表格的样式，将在后文进行详细介绍。

（二）写入内容与遍历表格

不论是遍历表格还是写入内容，都推荐使用 row（表格行）、column（表格

列)、cell(表格单元格对象)。如果掌握了写入方法,那么自然就能够对表格进行遍历。

(1) cell 对象。cell 对象即为单元格对象,其函数的声明如下所示。

```
table.cell(row_idx, col_idx)
```

row_idx 和 col_idx 分别表示单元格在表格中的位置。我们也可以使用 table.cells 获取表格中的所有单元格,但返回对象是单元格的列表。

cell 对象具备多个属性,最常用的为 .text 属性,即该单元格中的文本。我们往刚刚创建的表格中写入数据,仅使用 cell 对象,相关代码如下所示。

```
from docx import Document
document = Document('练习1.docx')
table = document.tables[0]#定位表格
n_row=len(table.rows)#获取表格行数
n_col=len(table.columns) #获取表格列数
for i in range(0,n_row):
    for j in range(0,n_col):
        cell=table.cell(i,j)
        cell.text=str(i*n_row+(j+1))
document.save('练习1.docx')
```

以上代码结果如图 3-19 所示。

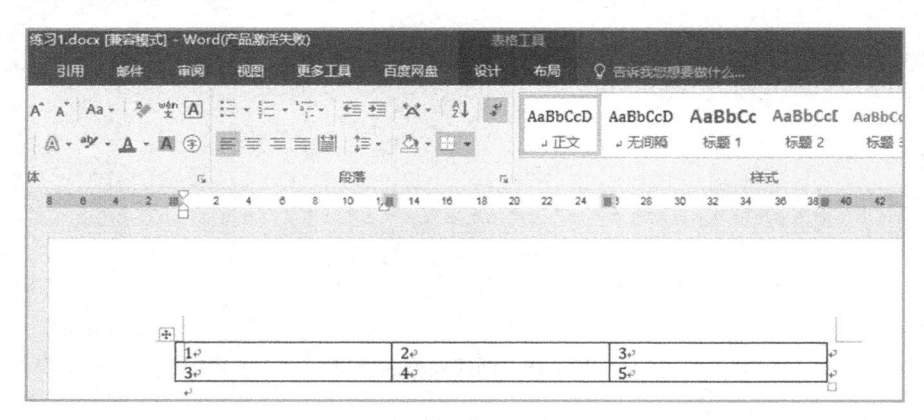

图 3-19 在表格中写入内容

(2) row 与 column 对象。table 对象有 rows 和 columns 两个属性,调用这两个属性返回 row 的列表及 column 的列表,可以使用 [] 进行定位,进行迭代、求长度操作。

另外，row 和 column 对象也具有 .cells 属性，即获取该行或该列中的所有单元格的列表。

如果使用 row、column 对表格进行写入，相关代码如下所示。

```
from docx import Document
document = Document('练习1.docx')
table = document.tables[0]#定位表格
for row,obj_row in enumerate(table.rows):
    for col,cell in enumerate(obj_row.cells):
        cell.text = cell.text + "%d,%d " % (row,col)
document.save('练习1.docx')
```

以上代码结果如图 3-20 所示。

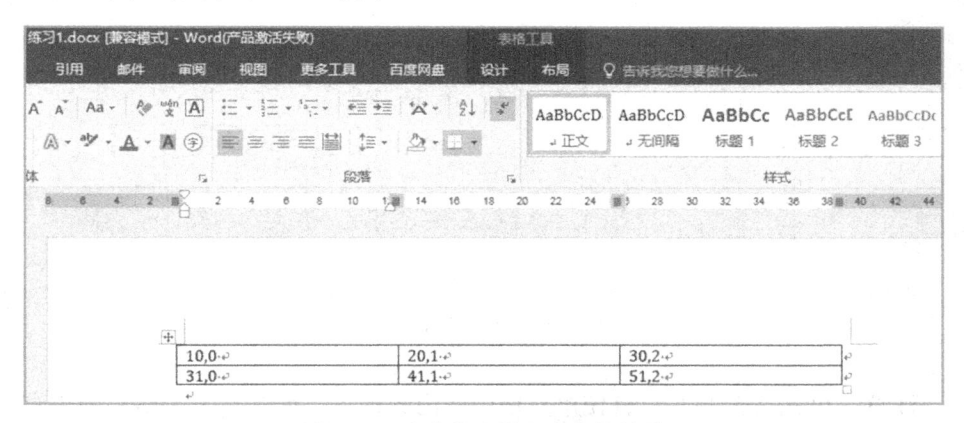

图 3-20　在表格中写入内容的结果

在 table 中，还可以使用 add_row() 和 add_column() 增加表格的行 / 列，add_row 在表格下方创建新行并返回新行的 row 对象，add_column 在表格右侧创建新列并返回新列的 column 对象。

（三）合并表格

在 cell 对象中，还有一个常用的 merge(other_cell) 方法，可进行单元格合并。合并的方式为：以当前 cell 为左上角、以 other_cell 为右下角进行合并。下面，新建一个 Word 文件进行演示，相关代码如下所示。

```
document = Document()
table = document.add_table(rows=9,cols=10,style='Table Grid')
cell_1 = table.cell(1,2)
```

```
cell_2 = table.cell(4,6)
cell_1.merge(cell_2)
document.save('table-1.docx')
```

以上代码结果如图 3-21 所示。

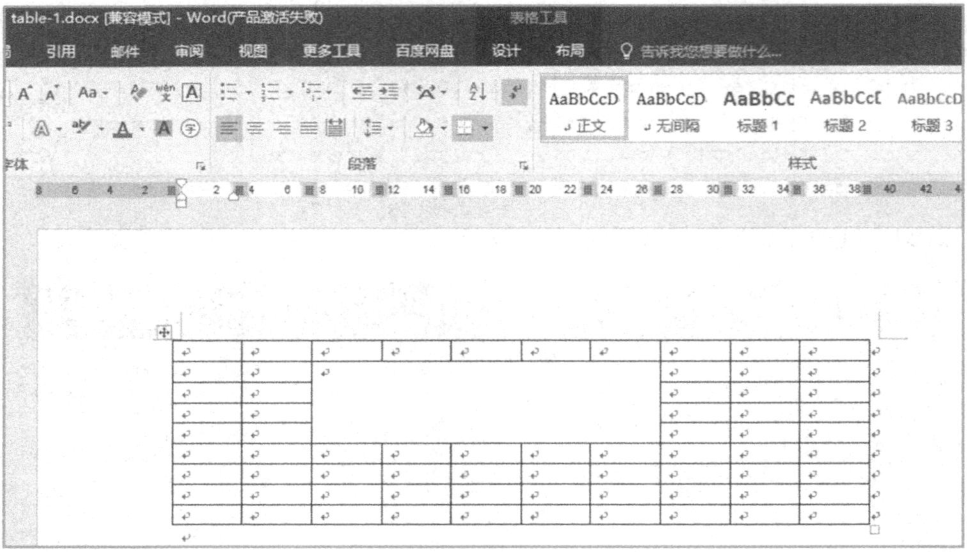

图 3-21 合并表格的结果

注意，单元格合并并没有使单元格中的内容消失，而是对单元格中的内容进行共享。cell 对象还有 add_paragraph、add_table 方法，利用这些方法可以形成复杂的表格，包含多个段落，以及嵌套的表格等，这里不再展开赘述。

（四）设置表格高度和宽度

表格的行高、列宽需要通过不同的对象、不同的属性进行设置，行高通过 row 对象中的 height 属性进行设置，列宽通过 cell 对象的 width 属性进行设置。

```
document = Document()
table1=document.add_table(2,3,style='Table Grid')
from docx.shared import Cm,Pt
for row,obj_row in enumerate(table1.rows):
    for col,cell in enumerate(obj_row.cells):
        cell.text = cell.text + "%d,%d " % (row,col)
for r in table1.rows:
    r.height=cm(4)#厘米
```

```
    for cell in r.cells:
        cell.width=pt(36)#磅
document.save('table-2.docx')
```

从上述代码中可以看到，表格的尺寸既可以使用 cm 方法也可以使用 pt 方法设置，cm 为长度，单位为厘米；pt 则表示字号大小，单位为磅。以上代码运行结果如图 3-22 所示。

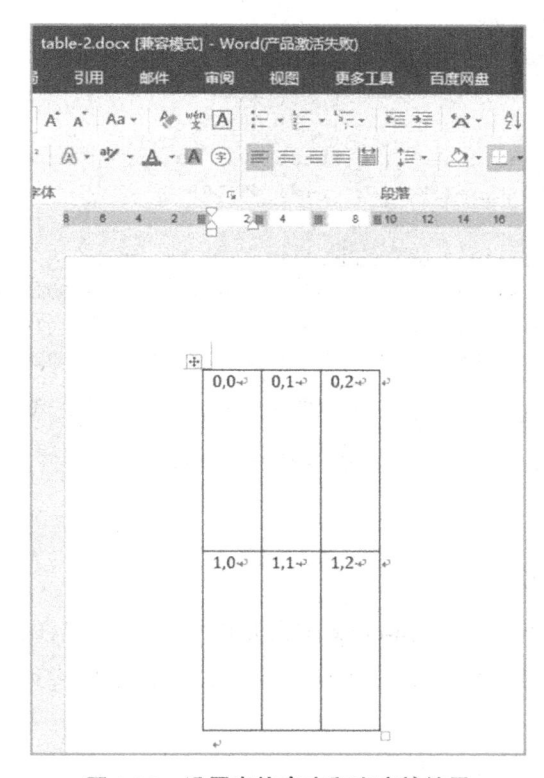

图 3-22　设置表格高度和宽度的结果

七、设置样式

下面要介绍的样式包括段落样式和表格样式，样式包括字体、字号、对齐方式、行间距等。在 Python-docx 中，样式具有 3 个标识属性，即 name（名称）、style_id（样式 id）和 type（类型）。

(一)查看所有样式

在 Python-docx 中,针对段落和表格提供了很多样式。比如要查看一个文档中可设置的样式,相关代码及结果如下所示。

```
In    document=Document()
      import docx.enum.style
      styles=document.styles
      for s in styles:
          print(s)
Out   _ParagraphStyle('Normal') id: 90167560
      _ParagraphStyle('Header') id: 90168960
      <docx.styles.style._CharacterStyle object at 0x00000000055FD908>
      _ParagraphStyle('Footer') id: 90168960
      ……
      _TableStyle('Medium Shading 1') id: 90168960
      _TableStyle('Medium Shading 1 Accent 1') id: 90167560
      _TableStyle('Medium Shading 1 Accent 2') id: 90168960
      _TableStyle('Medium Shading 1 Accent 3') id: 90167560
```

此处可用的样式较多,仅展示了部分,在输出结果中,我们能看到样式名称、样式 id 和样式类型,样式类型又分为 ParagraphStyle 段落样式和 TableStyle 表格样式两大类。

(二)设置样式

我们可以直接使用 Python-docx 中自带的样式来设置样式,比如设置标题、段落、表格及 run 对象都有 style 属性,也可以对该属性进行赋值,相关代码如下所示。

```
import docx.enum.style
from docx import Document
document=Document()
para1=document.add_paragraph('标题1',style='Heading 1')
table1=document.add_table(rows=2,cols=3,style='Table Grid')
para2=document.add_paragraph('标题2')
para2.style='Heading 2'
table2=document.add_table(rows=4,cols=6)
table2.style='Light List Accent 1'
document.save('练习2.docx')
```

以上代码运行结果如图 3-23 所示。

图 3-23　设置表格样式的结果

（三）设置字体

设置字体需要调用 font 对象，font 对象包括字号、字体类型、颜色、大小等多种属性，这些属性涉及 Python-docx 中的多个模块，在 docx.shared 模块中可设置字号和颜色，docx.oxml.ns 用于设置中文字体。下面，继续以"练习 8.docx"为例进行介绍，相关代码如下所示。

```
from docx import Document
from docx.shared import Pt, RGBColor   # 字号，颜色
from docx.oxml.ns import qn  # 中文字体
document = Document('练习8.docx')
para=document.paragraphs[-1]
run1=para.runs[1]
print(run1.text)
run1.font.bold = True           # 加粗
run1.font.italic = True         # 斜体
run1.font.underline = True    # 下划线
run1.font.color.rgb = RGBColor(255,0,0)  # 颜色
run1.font.name = 'Arial'       # 英文字体设置
```

```
run2=para.runs[2]
run2.font.strike = True      # 删除线
run2.font.shadow = True      # 阴影
run2.font.size = Pt(24)
run2.font.name='微软雅黑'
run2._element.rPr.rFonts.set(qn('w:eastAsia'),'微软雅黑')   # 设置中文字体
document.save('练习8.docx')
```

对于中文字体的设置，除了修改 font.name，还需要调用 ._element.rPr.rFonts 的 set() 方法，上述代码运行结果如图 3-24 所示。

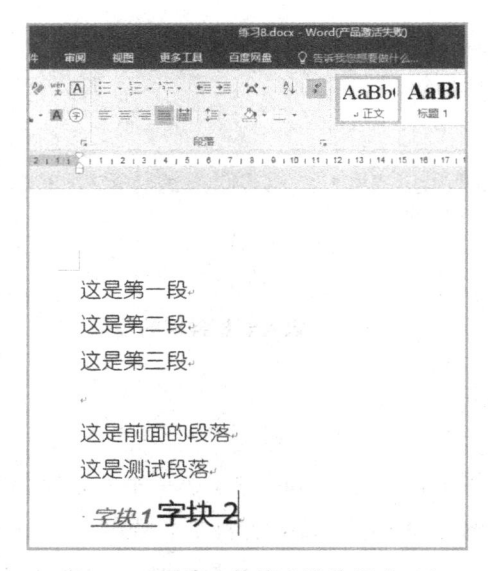

图 3-24　设置字体格式的结果（一）

对于内置样式中的字体，也可以通过修改 font 对象的属性进行修改，相关代码如下所示。

```
from docx import Document
from docx.shared import Pt      # 字号，颜色
from docx.oxml.ns import qn     # 中文字体
document = Document('练习8.docx')
document.styles['Normal'].font.name = u'宋体'
document.styles['Normal']._element.rPr.rFonts.set(qn('w:eastAsia'), u'宋体')
document.styles['Normal'].font.size = Pt(18)
document.save('练习8.docx')
```

上述代码运行结果如图 3-25 所示。

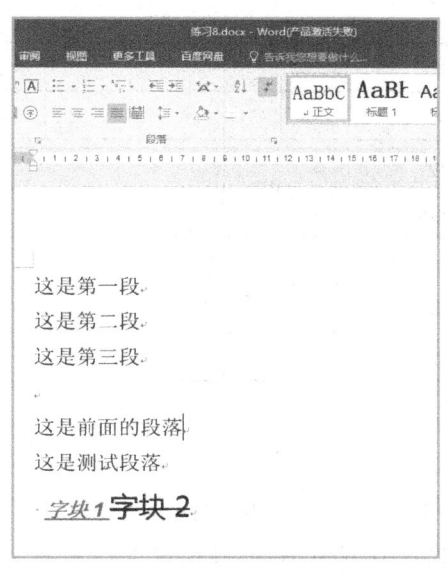

图 3-25　设置字体格式的结果（二）

文字样式说明如表 3-5 所示。

表 3-5　文字样式说明

方法	作用
all_caps	全部大写字母
bold	加粗
color	字体颜色
complex_script	是否为"复杂代码"
cs_bold	"复杂代码"加粗
cs_italic	"复杂代码"斜体
double_strike	双删除线
emboss	文本以凸出页面的方式出现
hidden	隐藏
imprint	印记
italic	斜体
name	名称
no_proof	不验证语法错误

续表

方法	作用
outline	显示字符的轮廓
shadow	阴影
small_caps	小型大写字母
snap_to_grid	定义文档网格时对齐网络
strike	删除线
subscript	下标
superscript	上标

(四) 设置对齐

(1) 段落对齐。段落对象具有 alignment (对齐) 属性,可以直接调用该属性进行设置。对齐参数需要调用 WD_ALIGN_PARAGRAPH 模块,段落对齐方式参数与说明如表 3-6 所示。

表 3-6 段落对齐方式参数与说明

参数	说明
LEFT	靠左
CENTER	居中
RIGHT	靠右
JUSTIFY	两端对齐
DISTRIBUTE	分散对齐

我们以"练习 8.docx"为例进行段落对齐设置,相关代码如下所示。

```
from docx.enum.text import WD_ALIGN_PARAGRAPH
from docx import Document
document = Document('练习8.docx')
for para in document.paragraphs:
    para.alignment = WD_ALIGN_PARAGRAPH.CENTER#中间对齐
    para_last=document.paragraphs[-1]#定位最后一个段落
    para_last.alignment= WD_ALIGN_PARAGRAPH.RIGHT#靠右对齐
document.save('练习8.docx ')
```

上述代码运行结果如图 3-26 所示。

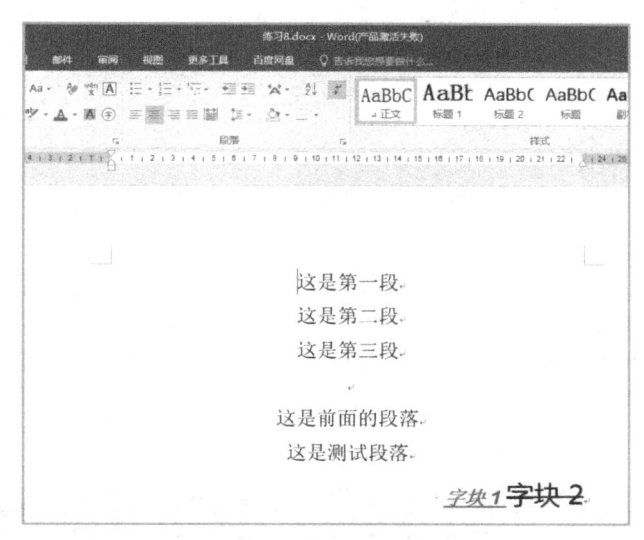

图 3-26　设置对齐的结果

在调用 add_paragraph() 方法时，也可以使用其中的 alignment 参数，相关代码如下所示。

```
Document.add_paragraph("1",alignment= WD_ALIGN_PARAGRAPH.CENTER)
```

（2）表格对齐。和段落不同，表格具有表格的对齐和单元格的对齐两种对齐类型。

在设置表格的对齐中，将表格作为一个整体，要用到 table 的 alignment 属性。Python-docx 定义的表格对齐，存储在 docx.enum.table 的 WD_TABLE_ALIGNMENT 中，分为 CENTER（中央对齐）、LEFT（左对齐）和 RIGHT（右对齐）。而在设置单元格的对齐时，会将单元格视为一个整体，需要使用单元格的垂直对齐和单元格的段落对齐两种对齐方式。单元格的垂直对齐要用到 cell 的 vertical_alignment 属性，单元格的段落对齐则还是使用 Paragraph 的 aligment 属性。Python-docx 定义的单元格垂直对齐，存储在 WD_CELL_VERTICAL_ALIGNMENT 模块中，分为 TOP（靠上对齐）、CENTER（中央对齐）和 BOTTOM（底端对齐）。

设置表格对齐和表格单元格对齐，我们以"table-1.docx"为例进行介绍，"table-1.docx"的内容如图 3-22 所示，相关的代码如下所示。

```python
from docx.enum.table import WD_CELL_VERTICAL_ALIGNMENT
from docx.enum.text import WD_ALIGN_PARAGRAPH
from docx.enum.table import WD_TABLE_ALIGNMENT
document = Document('table-2.docx')
table1=document.tables[0]
table1.alignment= WD_TABLE_ALIGNMENT.CENTER#设置表格中央对齐
for row in table1.rows:
    for cell in row.cells:
#表格单元格中央对齐
        cell.vertical_alignment=WD_CELL_VERTICAL_ALIGNMENT.CENTER
#表格单元格段落中央对齐
        cell.paragraphs[0].alignment=WD_ALIGN_PARAGRAPH.CENTER
document.save('table-2.docx')
```

上述代码运行结果如图 3-27 所示。

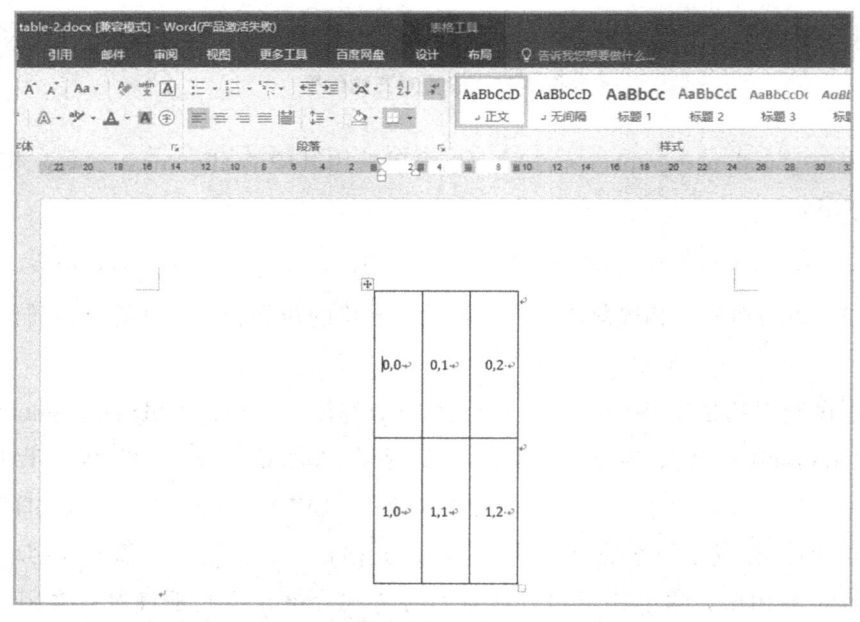

图 3-27 设置表格内容对齐的结果

（五）设置缩进

下面介绍段落设置缩进，会用到 shared 模块，缩进分为左缩进、右缩进、首行缩进与悬挂缩进多种方式，需要调用 Paragraph 对象的 paragraph_format 属性，相关代码如下所示。

```
from docx.shared import Pt,Inches
document=Document()
para1=document.add_paragraph('左缩进0.3英寸')
para1.paragraph_format.left_indent=Inches(0.3)
para2=document.add_paragraph('右缩进2英寸')
para2.paragraph_format.right_indent=Inches(2)
para3=document.add_paragraph('首行缩进0.1英寸')
para3.paragraph_format.first_line_indent=Inches(0.1)
para4=document.add_paragraph('悬挂缩进0.3英寸')
para4.paragraph_format.first_line_indent=Inches(-0.3)
document.save('练习3.doc')
```

1 英寸约等于 2.54 厘米，inches(0.5) 等于 4 个空格，首行缩进和悬挂缩进都使用 first_line_indent 属性来实现。当值大于 0 时，为首行缩进；当值小于 0 时，为悬挂缩进。上述代码相关结果如图 3-28 所示。

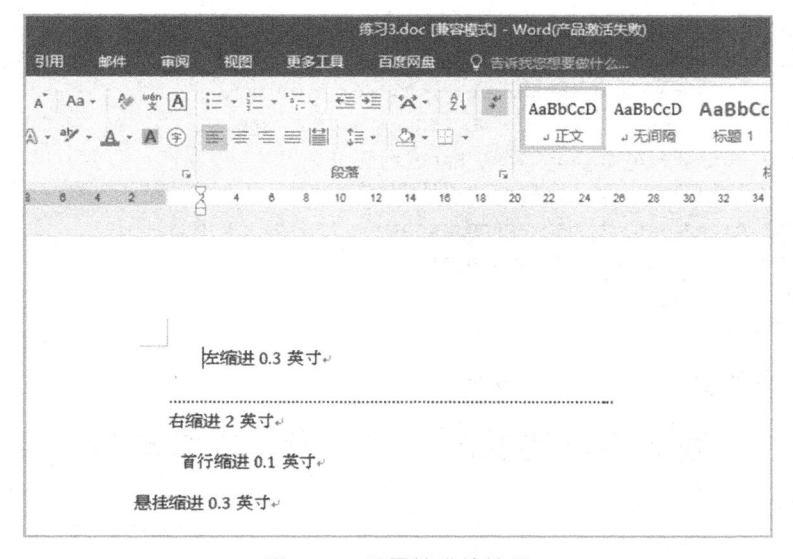

图 3-28　设置缩进的结果

（六）设置行距

行间距的设置可以使用两个属性，line_spacing 和 line_spacing_rule，这两个属性不用同时设置。line_spacing_rule 的值是 docx.enum.text. WD_LINE_SPACING 中枚举类型的常量，行间距参数与说明如表 3-7 所示。

表 3-7　行间距值参数与说明

参数	说明
ONE_POINT_FIVE	1.5 倍
AT_LEAST	最小行距
DOUBLE	双倍行距
EXACTLY	固定值
MULTIPLE	多倍行距
SINGLE	单倍行距

设置行距的相关代码如下所示。

```
import docx
from docx import Document
from docx.enum.text import WD_LINE_SPACING
from docx.shared import Pt
document= Document()
para1=document.add_paragraph('设置单倍行距')
para1.paragraph_format.line_spacing_rule=WD_LINE_SPACING.SINGLE
para2=document.add_paragraph('设置30磅的固定行距')
para2.line_spacing_rule = WD_LINE_SPACING.EXACTLY
para2.paragraph_format.line_spacing = Pt(30)
para3=document.add_paragraph('设置段前距18磅，段后距24磅')
para3.paragraph_format.space_before = Pt(18)    # 段前
para3.paragraph_format.space_after = Pt(24)     # 段后
document.add_paragraph('结束')
document.save('行距.doc')
```

以上代码运行结果如图 3-29 所示。

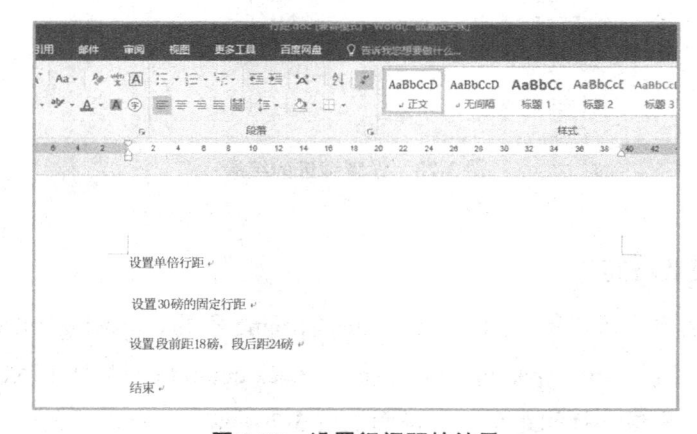

图 3-29　设置行间距的结果

八、其他操作

前面介绍了 Python-docx 的主要操作，下面将介绍其他较为常用的操作。

（一）添加标题

在前面介绍了通过改变 style 属性的值来添加标题，除此之外，在 Python-docx 中也支持直接添加标题，使用 add_heading 函数即可，相关代码如下所示。

```
from docx import Document
document= Document()
document.add_heading("我是一级标题",level=1)
document.save('标题.docx')
```

结果如图 3-30 所示。

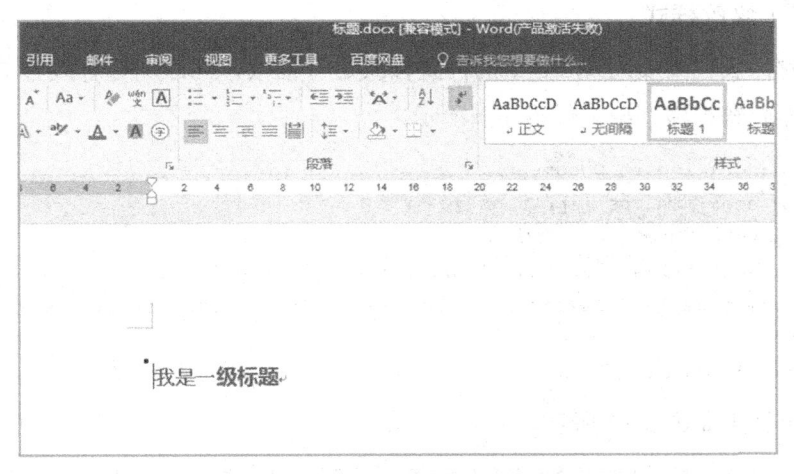

图 3-30　添加标题的结果

添加其他样式的标题也可采用这种方式，这里不再展开赘述。

（二）添加分页符

分页符在 Word 文档中也是非常常见的，添加分页符的相关代码如下所示。

```
from docx import Document
document = Document('标题.docx'')
document.add_page_break()
document.save('标题.docx'')
```

结果如图 3-31 所示。

图 3-31　添加分页符的结果

（三）修改样式

有时，我们需要对 Word 中的内置样式进行修改，修改一级标题样式，将其字体改为微软雅黑，相关代码如下所示。

```
from docx import Document
from docx.oxml.ns import qn # 中文字体
document = Document('标题.docx ')
document.styles['Heading 1'].font.name = 'Arial'
document.styles['Heading 1']._element.rPr.rFonts.set(qn('w:eastAsia'),'微软雅黑')
document.save('标题.docx')
```

输出结果如图 3-32 所示。

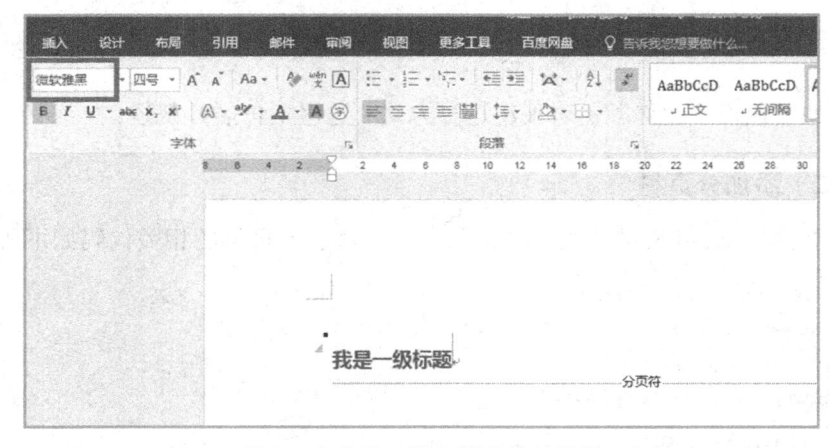

图 3-32　修改一级标题字体的结果

第六节　综合案例

一、自动生成收入证明

有时候，我们需要按模板生成固定样式的文件，模板是固定的，只是每次需要替换信息，如个人收入证明、请假条、年休假单等。如图 3-33 所示的收入证明，模板中所有的××××都是需要替换的信息。

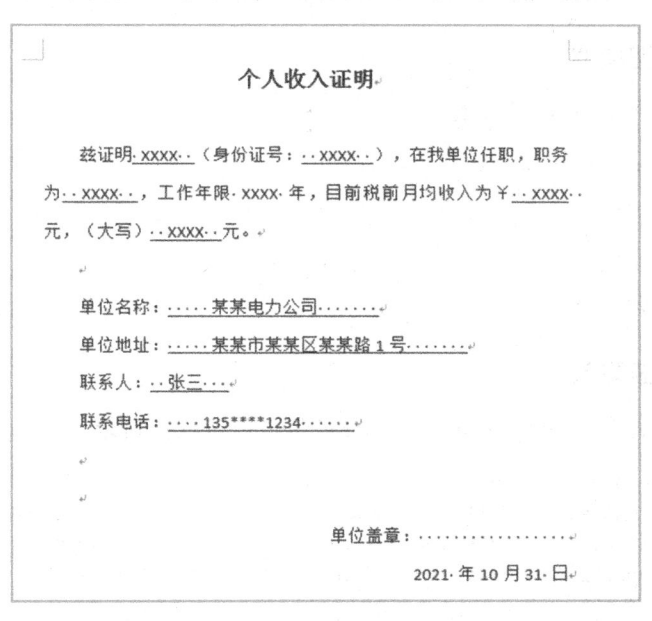

图 3-33　个人收入证明模板

现需根据 Excel 文件生成个人收入证明，Excel 文件的内容如图 3-34 所示。

图 3-34　个人收入证明文件

现需要根据 Excel 表中的内容，生成多个个人收入证明文件。对于该问题的处理可分为 3 步，具体如表 3-8 所示。

表 3-8　自动化生成收入证明处理步骤

步骤	操作
数据读取	通过 xlrd 模块读取数据
数据写入	通过 Python-docx 模块将数据写入到 Word 中
文件生成	将写好的 Word 生成新文件

（一）数据读取

数据读取的代码如下所示。

```python
from docx import Document
import xlrd
#读取内容
x1=xlrd.open_workbook('个人信息.xlsx')
sh1=x1.sheets()[0]
```

（二）数据写入

定义写入函数 write_word，生成的文件在个人收入目录下，以名字命名。

```python
def write_word(values):
    """values为从excel中读取的内容,格式为:
    [number:1.0, text:'李四', text:'104111199009103531', text:'工程师', number:8.0, number:10000.0, text:'壹万']
    """
    word_file=Document('个人收入证明.docx')
    count=1
    for p in word_file.paragraphs:
        if 'XXXX' in p.text:
            inline = p.runs
            for i in range(len(inline)):
                if 'XXXX' in inline[i].text:
                    text = inline[i].text.replace('XXXX', str(values[count].value))
                    inline[i].text = text
                    count+=1
                    #print(count)
    name='个人收入/'+values[1].value+'.doc'
    word_file.save(name)
```

(三)文件生成

从 Excel 中读取内容并执行写入函数,最终便可生成多个文件。

```
for i in range(1,sh1.nrows):
    value=sh1.row(i)
    write_word(value)
```

操作完成后,在个人收入目录下生成了 3 个文件,文件内容如图 3-35 所示,可见已经完成了替换。

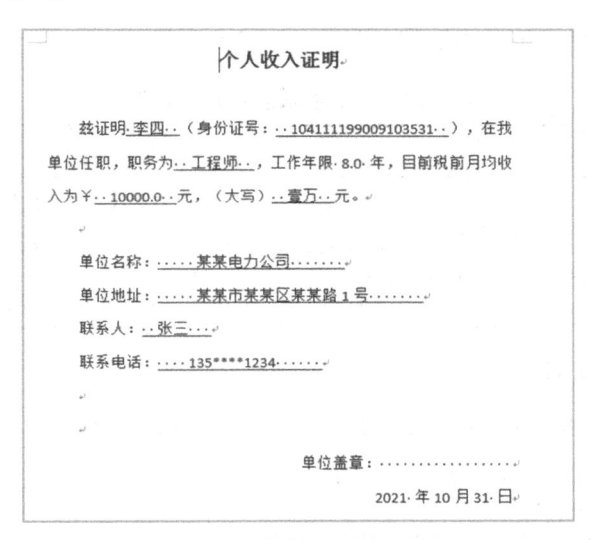

图 3-35 替换模板生成的结果

二、自动化报名表汇总

某电力公司准备对所属供电公司开展一次数据挖掘培训,各个供电公司自行组织报名参与培训的人员,报名表内容如图 3-36 所示。

图 3-36 报名表内容

现需将各供电公司的多个报名表进行汇总，生成 Excel 文件，导入培训积分系统，在 Excel 文件中需包含序号、单位、姓名、手机号、部门、备注信息，如图 3-37 所示。

	A	B	C	D	E	F
1	序号	单位	姓名	手机号	部门	备注

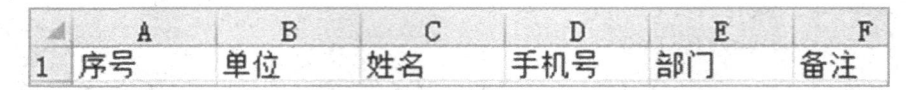

图 3-37　报名表汇总模板

对该问题的处理可分为 3 步，具体如表 3-9 所示。

表 3-9　报名信息汇总处理步骤

步骤	操作
数据读取	通过 Python-docx 模块读取数据，进行数据的提取和分析
文件遍历	通过 Python 自带的 os 模块，遍历所有报名表信息
数据写入	通过 xlsxwriter 模块，将遍历到的数据写入 Excel

（一）数据读取

通过 Python-docx 模块读取数据，定义 read_word 函数，代码如下所示。

```
from docx import Document
def read_word(name):
    content=[]#存放所有数据二维数组
    doc1=Document(name)
    work_place=doc1.paragraphs[1].text[3:]#paragraphs[0]为标题，paragraphs[1]为单位，格式为：单位：**供电公司
    table=doc1.tables[0]
    for i in range(1,len(table.rows)):
        l=[work_place]#存放单行数据的列表
        for c in table.rows[i].cells:
            l.append(c.text)
        content.append(l)
    return content
```

（二）遍历文件

遍历文件需要用到 Python 自带的 os 模块，文件存放目录为'报名信息'，本案例作为演示使用，仅存放了两个报名表。代码如下所示。

```
files=os.listdir('报名信息')
for f in files:
    print(f)
    name='报名信息\\'+ f
content=read_word(name)
print(content)
```

遍历到的全部信息如图 3-38 所示。

```
报名信息1.docx
[['A市供电公司', '张三', '135****1234', '电力调度', ''], ['A市供电公司', '李四', '135****1235', '营销', '']]
报名信息2.docx
[['B市供电公司', '王五', '135****1236', '信息通信', ''], ['B市供电公司', '赵六', '135****1237', '财务', '']]
```

图 3-38 遍历结果

（三）数据写入

最后将数据写入 Excel 文件，这一步需要将第二步中的代码进行优化和扩展，代码如下所示。

```
book=xw.Workbook('汇总表1.xlsx')
sh1=book.add_worksheet('sheet1')
sh1.write_row(0,0,['序号','单位','姓名','手机号','部门','备注'])
files=os.listdir('报名信息')
count=1
for f in files:
    print(f)
    name='报名信息\\'+ f
    content=read_word(name)
    print(content)
    for i in content:
        sh1.write(count,0,count)
        sh1.write_row(count,1,i)
            count=count+1
```

最终写入的结果如图 3-39 所示。

	A	B	C	D	E	F
1	序号	单位	姓名	手机号	部门	备注
2	1	A市供电公	张三	135****12	电力调度	
3	2	A市供电公	李四	135****12	营销	
4	3	B市供电公	王五	135****12	信息通信	
5	4	B市供电公	赵六	135****12	财务	
6						
7						

图 3-39 数据写入结果

本章小结

本章介绍了 xlrd、xlsxwriter、xlwings、Python-docx 库的安装和使用。通过对本章的学习，读者可掌握对 Excel 文件、Word 文件的自动化处理，解决重复性高的报表、台账等操作烦琐、费时的问题。

第四章

电网企业网络数据获取

第一节 网络数据获取概述

本章将介绍网络数据尤其是网站中数据的获取方法,在了解这些方法之前,我们需要了解一些相关知识。

一、HTTP 协议解析

在电网企业中,网络数据大部分来源于各类网站,如 95598 中的工单数据,可直接从网站上获取,诸如此类的网站均遵循 HTTP 协议。

超文本传输协议(HyperText Transfer Protocol,HTTP)允许将 HTML(超文本标记语言)文档从 Web 服务器传送到 Web 浏览器。HTTP 是一种无状态的协议,当一个客户端向服务器端发出请求(Request)后,Web 服务器会返回响应(Response),然后连接就被关闭了,在服务器端不保留连接的有关信息。

Request 是向服务器发过去的字符串信息,Response 是服务器接收到 Request 后返回的字符串信息,两者均有固定的格式。

二、专业名词解析

为了进一步了解网络数据的获取方法,我们需要先了解网络数据的一些原理和专有名词。

很多网站需要登录,部分网站有登录超时限制,即超过一定时间后需重新登录,但也有部分网站登录后可连续访问而不用重新登录,这里就涉及 Session 与 Cookie 的原理。

Session 也称会话,是指有始有终的一系列动作 / 消息。当用户访问网站时,如果没有会话，则服务器将创建会话。会话用来存储特定用户在访问网站时所需的属性及配置信息，因此，当用户在访问同一网站的不同页面时，存储在会话中的信息将不会丢失；当会话过期或被放弃后，服务器将终止该会话。

Cookie 有时以复数形式出现，即 Cookies，指某些网站为了辨别用户身份、进行会话跟踪而存储在用户本地终端上的数据，本书后续都将使用 Cookies 表示此类数据。第一次向网站发送请求时，服务器返回的响应中带有 Set-Cookie 字段，该字段用来标记用户信息，浏览器会将此信息保存，这就是 Cookies。当继续请求该网站时，浏览器会把此 Cookies 放到请求中一起发送，Cookies 中有会话信息，因此，服务器检查该 Cookies 即可找到对应的会话，然后判断会话并以此辨认用户状态。如果会话中设置的登录状态是有效的，那就证明用户处于登录状态，即可不用登录访问网站。如果登录状态是无效的或会话已经过期了，将不能继续访问页面。此时，可能收到错误的响应或跳转到登录页面重新登录。由此可以看出，Cookies 和会话需要配合，二者共同协作，实现登录会话控制。

代理是指代理服务器，它可以代理网络使用者获得想要的信息，通俗地说，就是网络的中转站。设置代理服务器后，当本机要向服务器发送请求时，本机会先向代理服务器发送请求，然后代理服务器把请求发送给服务器，再把返回的响应发送给本机。进行代理主要是为了突破 IP 限制，访问一些由自身 IP 无法访问的网站或隐藏 IP，免受网络攻击。

HTTP Basic 认证：HTTP 定义了 HTTP Basic（即基础认证过程），使得 HTTP 服务器对 Web 浏览器进行用户验证，其认证过程简单明了，适合于对安全性要求不高的系统和设备。当从客户端向服务器发送数据请求时，如果客户端未被认证，则将通过基础认证过程对客户端的用户名和密码进行验证。客户端接收到基础认证要求后，需要提供用户名和密码，然后将用户名及密码用 BASE64 进行加密，密文将附加于请求头（Request Header）中。当服务器收到请求包后，根据协议获取客户端附加的用户信息，对用户名和密码进行验证。如果验证正确，则根据用户需求返回客户端所需要的数据；否则，返回错误代码 401，要求用户重新提供用户名和密码。

三、网络数据获取方法

网络数据大部分来源于网页，因此，获取网络数据需要先获得网页源码，向网站的服务器发送一个请求，返回的响应体便是网页源代码。所以，最关键的部分就是构造一个请求并发送给服务器，然后接收到响应并对其解析。Python 提供了许多库来帮助我们实现这个操作，如 urllib、requests 等。通过这些库，可以实现 HTTP 请求操作。请求和响应都可以用库提供的数据结构来表示，得到响应之后只需解析数据结构中的 Body 部分即可，即可得到网页的源代码。本章将介绍 urllib、request 库的安装和使用。

获取网页源代码后，接下来就是分析网页源代码，从中提取我们想要的数据。最通用的方法便是采用正则表达式提取，这是一个有用的方法，但构造正则表达式比较复杂且容易出错。另外，由于网页的结构有一定的规则，所以还有一些根据网页节点属性、CSS 选择器或 XPath 来提取网页信息的库，如 Beautiful Soup、PyQuery、lxml 等。使用这些库，我们可以高效、快速地从中提取网页信息，如节点的属性、文本值等。

提取信息后，一般会将提取到的数据保存到某处以便后续使用。保存形式多种多样，可以保存为 TXT 文本或 CSV 文件，再使用 Python 数据分析库进行下一步处理。

自动化程序可以代替人工来完成获取网页、提取信息、保存数据的操作，尤其是当量特别大或想快速获取大量数据时，就需要借助自动化程序。爬虫就是代替我们来完成这份抓取工作的自动化程序，它可以在抓取过程中进行各种异常处理、错误重试等操作，确保抓取持续、高效地运行。

第二节　urllib 的使用

在 Python 2 中，使用 urllib 和 urllib2 两个库来实现请求的发送；但在 Python 3 中，统一使用 urllib。urllib 相关的网站为 https://docs.Python.org/3/library/urllib.html。

urllib 库是 Python 内置的 HTTP 请求库，所以不需要额外安装即可使用，它包含如下所述的 4 个模块。

request：HTTP 请求模块，可以用来模拟发送请求，只需传入 url 及额外的参数，就可以模拟实现发送请求过程，就像在浏览器里输入网址然后按 Enter 键一样。

error：异常处理模块，如果出现请求错误，可以捕获这些异常，然后进行重试或其他操作，以保证程序不会意外终止。

parse：工具模块，提供了多种 url 处理方法，比如拆分、解析、合并等。

robotparser：识别网站的 robots.txt 文件，判断网站是否可爬取，该模块使用较少。

本节重点介绍 request 和 parse 模块中的内容。

一、发送请求

使用 urllib 的 request 模块，可以方便地实现请求的发送并得到响应。

urllib.request 模块提供了最基本的构造 HTTP 请求的方法，可以模拟浏览器的一次请求发起过程，同时它还带有处理授权验证（authenticaton）、重定向（redirection）、浏览器 Cookies 等其他内容。

（一）urlopen()

以百度官网为例，获取该网页源码，代码如下所示。

```python
import urllib.request

url='http://www.baidu.com'
response = urllib.request.urlopen(url)
print(response.read().decode('utf-8'))
```

运行结果如图 4-1 所示。

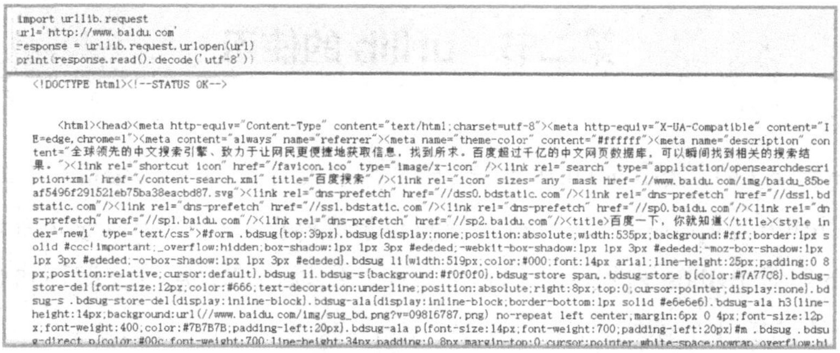

图 4-1　运行结果（一）

利用最基本的 urlopen() 方法，可以完成最基本的简单网页的 GET（请求）抓取。在上述代码中，获取了网页的源代码。得到源代码之后，我们就可以将想要的链接、图片地址、文本信息提取出来。

urlopen 也支持给链接传递一些参数，我们来看 urlopen() 函数的声明。

```
urllib.request.urlopen(url, data=None, [timeout, ]*, cafile=None, capath=None, cadefault=False, context=None)
```

第一个参数传递 url，其他参数则可传递附加数据、timeout（超时时间）等。

（二）request

利用 urlopen() 方法可以实现最基本请求的发起，但并不足以构建一个完整的请求，如需要在请求中加入 headers 等信息，就可以利用 request 类来构建。

我们来看以下的代码。

```
import urllib.request

url='http://www.baidu.com'
request = urllib.request.Request(url)
response = urllib.request.urlopen(request)
print(response.read().decode('utf-8'))
```

在上述代码中，我们依然是用 urlopen() 方法来发送请求，但这次的参数不再是 url，而是一个 request 类型的对象。通过构造 request 对象，可以更加灵活地配置多种参数。

下面，我们看 request 的构造方法。

```
class urllib.request.Request(url, data=None, headers={}, origin_req_host=None, unverifiable=False, method=None)
```

url 用于请求 url，是必选参数，其他均为可选参数。第二个参数 data 必须是 bytes（字节流）类型的。第三个参数 headers 为字典类型，即为请求头。第四个参数 origin_req_host 是请求方的 host 名称或 IP 地址。第五个参数 unverifiable 表示这个请求是否是无法验证的，默认是 False，即用户没有足够权限来选择接收这个请求的结果。当我们访问一个 HTML 文档中的图片时，如果我们没有自动抓取图像的权限，那么 unverifiable 的值就为 True。第六个参数 method 是字符串，表示请求使用的方法，比如 GET、POST 和 PUT 等。

我们可以在构造请求时通过 headers 参数直接构造请求头，也可以通过调用请求实例的 add_header() 方法添加。

下面，我们传入多个参数构建请求。

```
from urllib import request, parse

url = 'http://httpbin.org/post'
headers = {
    'User-Agent': 'Mozilla/4.0 (compatible; MSIE 5.5; Windows NT)',
    'Host': 'httpbin.org'
}
dict = {
    'name': 'sgcc',
    'age': 18
}
data = bytes(parse.urlencode(dict), encoding='utf8')
req = request.Request(url=url, data=data, headers=headers, method='POST')
response = request.urlopen(req)
print(response.read().decode('utf-8'))
```

这里，我们通过 4 个参数构造了一个请求，其中 url 即请求 url，在 headers 中指定了 User-Agent 和 Host，参数 data 用 urlencode() 和 bytes() 方法转成字节流。另外，指定了请求方式为 POST。

运行结果如下所示。

```
{
  "args": {},
  "data": "",
  "files": {},
  "form": {
    "name": "sgcc",
    "age": "18"
  },
  "headers": {
    "Accept-Encoding": "identity",
    "Content-Length": "16",
    "Content-Type": "application/x-www-form-urlencoded",
    "Host": "httpbin.org",
    "User-Agent": "Mozilla/4.0 (compatible; MSIE 5.5; Windows NT)",
    "X-Amzn-Trace-Id": "Root=1-61c51c8b-4397ee085f87f11130a11196"
```

```
  },
  "json": null,
  "origin": "101.67.162.7",
  "url": "http://httpbin.org/post"
}
```

观察结果可以发现，我们成功设置了 data、headers 和 method。

另外，headers 也可以用 add_header() 方法来添加。

```
req = request.Request(url=url, data=data, method='POST')
req.add_header('User-Agent', 'Mozilla/4.0 (compatible; MSIE 5.5; Windows NT)')
```

（三）Handler

上面，我们仅仅进行了简单的请求发送，但如果要设置 Cookies，或者设置代理，就需要更强大的工具——Handler。

Handler 可以理解为处理器，该处理器可分为多类，有处理登录验证的，有处理 Cookies 的，有处理代理设置的，关于不同的 Handler 及其用法如表 4-1 所示。

表 4-1 不同的 Handler 及其用法

Handler	用法
HTTPDefaultErrorHandler	用于处理 HTTP 响应错误，错误都会抛出 HTTPError 类型的异常
HTTPRedirectHandler	用于处理重定向
HTTPCookieProcessor	用于处理 Cookies
ProxyHandler	用于设置代理，默认代理为空
HTTPPasswordMgr	用于管理密码，它维护了用户名和密码的表
HTTPBasicAuthHandler	用于管理认证，如果一个链接打开时需要认证，那么可以用它来解决认证问题

使用 Handler，我们可以模拟 HTTP 请求中的多种情况，关于更多的 Handler 类，请参考官方文档：https://docs.Python.org/3/library/urllib.request.html#urllib.request.BaseHandler。

所有 Handler 类都具有一个父类，即 urllib.request 模块里的 BaseHandler 类，该类提供了最基本的方法，如 default_open()、protocol_request() 等，因此，所有

的 Handler 都有此类方法。

（四）Opener

OpenerDirector 是 request 模块中比较重要的类，我们称之为 Opener。前面用过的 urlopen() 方法是极其常用的请求方法，实际上就是 urllib 提供的一个 Opener，但仅能完成最基本的请求，而利用 Opener 则可以实现更多功能。

Opener 可以使用 open() 方法，同时和 Handler 也有密切的关系，即可利用 Handler 来构建 Opener。下面，我们通过代码来介绍它们的用法。

（1）登录验证。在访问有些网站时，会弹出提示框，提示用户输入用户名和密码，验证成功后才能查看页面。请求这样的页面借助 HTTPBasicAuthHandler 即可以完成，相关代码如下所示。

```python
from urllib.request import HTTPPasswordMgrWithDefaultRealm, HTTPBasicAuthHandler, build_opener
from urllib.error import URLError

username = 'username'
password ='password'
url = 'http://localhost:5000/'
p = HTTPPasswordMgrWithDefaultRealm()
p.add_password(None, url, username, password)
auth_handler = HTTPBasicAuthHandler(p)
opener = build_opener(auth_handler)
try:
    result = opener.open(url)
    html = result.read().decode('utf-8')
    print(html)
except URLError as e:
    print(e.reason)
```

在上述代码中，首先实例化 HTTPBasicAuthHandler 对象，其参数是 HTTPPasswordMgrWithDefaultRealm 对象，它利用 add_password() 添加用户名和密码，建立了一个处理验证的 Handler。接下来，利用该 Handler 并使用 build_opener() 方法构建一个 Opener。当该 Opener 发送请求时，就相当于已经验证成功了。然后，利用 Opener 中的 open() 方法打开链接，就完成了验证。这里获取到的结果就是验证后的页面源码内容。

（2）代理。有时我们需要使用代理去访问网站，如果要添加代理，我们需要在本地搭建好代理。在以下代码中，搭建好的代理运行在 9743 端口上。

```
from urllib.error import URLError
from urllib.request import ProxyHandler,build_opener

proxy_handler = ProxyHandler({
    'http': 'http://127.0.0.1:9743',
    'https': 'https://127.0.0.1:9743'
})
opener = build_opener(proxy_handler)
try:
    response = opener.open('https://www.baidu.com')
    print(response.read().decode('utf-8'))
except URLError as e:
    print(e.reason)
```

在上述代码中，使用了 ProxyHandler，该 Handler 的参数是一个字典，键名为协议类型，如 HTTP 或 HTTPS 等，键值为代理链接，可以添加多个代理。然后，利用该 Handler 及 build_opener() 方法构造一个 Opener，发送请求即可。

（3）获取 Cookies。如果想要获取一个网站的 Cookies，相关代码如下所示。

```
import http.cookiejar, urllib.request

cookie = http.cookiejar.CookieJar()
handler = urllib.request.HTTPCookieProcessor(cookie)
opener = urllib.request.build_opener(handler)
response = opener.open('http://www.baidu.com')
for item in cookie:
    print(item.name+"="+item.value)
```

在上述代码中，我们首先定义了一个 CookieJar 对象，CookieJar 对象用于管理 HTTP Cookie 值、存储 HTTP 请求生成的 Cookies 实例、向传出的 HTTP 请求添加 Cookies 值，需要用到 http.cookiejar 模块，它有多个子类，详细介绍参见后文。接下来，利用 HTTPCookieProcessor 构建一个 Handler。最后，利用 build_opener() 方法构建出 Opener，执行 open() 函数即可。

运行结果如下所示。

```
BAIDUID=281D238B81393C2DBD284C48B6B9F543:FG=1
BIDUPSID=281D238B81393C2D239C2E7C70DF3252
```

```
H_PS_PSSID=34269_34099_34223_31254_34277_34004_34093_34094_26350
PSTM=1626759732
BDSVRTM=6
BD_HOME=1
```

可以看到,这里输出了每个 Cookies 的名称和值。

(五) Cookies

对于 Cookies,我们也可以将其保存为文件,http.cookiejar 模块有多个子类,它们和 Cookies 的格式有关。我们还是通过访问百度为例,将得到的 Cookies 保存,相关代码如下所示。

```
filename = 'cookies.txt'
cookie = http.cookiejar.MozillaCookieJar(filename)
handler = urllib.request.HTTPCookieProcessor(cookie)
opener = urllib.request.build_opener(handler)
response = opener.open('http://www.baidu.com')
cookie.save(ignore_discard=True, ignore_expires=True)
```

在上述代码中,CookieJar 转换成了 MozillaCookieJar,是 CookieJar 的子类,它在生成文件时会用到,用来处理 Cookies 和文件相关的事件,如读取和保存 Cookies,可以将 Cookies 保存成与 Mozilla 型浏览器兼容的 Cookies 格式。

运行上述代码之后,即产生一个 cookies.txt 文件,其内容如下所示。

```
# Netscape HTTP Cookie File
# http://curl.haxx.se/rfc/cookie_spec.html
# This is a generated file! Do not edit.

.baidu.com    TRUE    /    FALSE    1658296690    BAIDUID
B886A904458A0F24E67D5A6D93D9455E:FG=1
.baidu.com    TRUE    /    FALSE    3774244337    BIDUPSID
B886A904458A0F24DD176E3A78E342E5
.baidu.com    TRUE    /    FALSE                  H_PS_PSSID
34268_33764_34222_31660_34276_34004_34282_34094_26350
.baidu.com    TRUE    /    FALSE    3774244337    PSTM    1626760690
www.baidu.com FALSE   /    FALSE                  BDSVRTM    6
www.baidu.com FALSE   /    FALSE                  BD_HOME    1
```

另外,使用 CookieJar 的另一个子类 LWPCookieJar 同样可以读取和保存 Cookies,但会保存成 libwww-perl(LWP) 格式的 Cookies 文件。如果要保存成 LWP 格式的 Cookies 文件,可以在定义 Cookie 实例时就进行修改。

```
cookie = http.cookiejar.LWPCookieJar(filename)
```

此时生成的内容如下所示。

```
#LWP-Cookies-2.0
Set-Cookie3: BAIDUID="5C51B0300009A5120D55FFCA8BB35AE0:FG=1"; path="/";
domain=".baidu.com"; path_spec; domain_dot; expires="2022-07-20 05:58:45Z";
comment=bd; version=0
    Set-Cookie3: BIDUPSID=5C51B0300009A5124C14542EDB357609; path="/";
domain=".baidu.com"; path_spec; domain_dot; expires="2089-08-07 09:12:52Z";
version=0
    Set-Cookie3: H_PS_PSSID=34269_33801_34223_31253_34278_33848_34093_
34111_26350; path="/"; domain=".baidu.com"; path_spec; domain_dot; discard;
version=0
    Set-Cookie3: PSTM=1626760725; path="/"; domain=".baidu.com"; path_spec;
domain_dot; expires="2089-08-07 09:12:52Z"; version=0
    Set-Cookie3: BDSVRTM=0; path="/"; domain="www.baidu.com"; path_spec;
discard; version=0
    Set-Cookie3: BD_HOME=1; path="/"; domain="www.baidu.com"; path_spec;
discard; version=0
```

由此看来，生成的格式具有较大的差异。

在生成了 Cookies 文件后，可以进一步利用，获取其中的内容。下面，我们以 LWPCookieJar 格式为例进行操作。

```
cookie = http.cookiejar.LWPCookieJar()
cookie.load('cookies.txt', ignore_discard=True, ignore_expires=True)
handler = urllib.request.HTTPCookieProcessor(cookie)
opener = urllib.request.build_opener(handler)
response= opener.open('http://www.baidu.com')
print(response.read().decode('utf-8'))
```

可以看到，首先，生成了 LWPCookieJar 格式的 Cookies，调用 load() 方法来读取本地的 Cookies 文件，获取到 Cookies 的内容。然后，使用同样的方法构建 Handler 和 Opener 即可完成操作。通过上面的方法，我们就可以实现绝大多数请求功能的设置了。

二、响应解析

在我们成功发送请求后，使用 type 方法可以查看响应的类型，相关代码如下所示。

```
import urllib.request
response = urllib.request.urlopen('https://docs.Python.org')
print(type(response))
```

输出结果如下所示。

```
<class 'http.client.HTTPResponse'>
```

可以发现，它是一个 HTTPResponse 类型的对象。

HTTPresponse 对象主要包含 read()、readinto()、getheader(name)、getheaders()、fileno() 等方法，以及 msg、version、status、reason、debuglevel、closed 等属性。我们来看以下的代码。

```
import urllib.request

response = urllib.request.urlopen('https://docs.Python.org')
print(response.status)
print(response.getheaders())
print(response.getheader('Server'))
```

调用 read() 方法可以得到返回的网页内容，调用 status 属性可以得到返回结果的状态码，如 200 代表请求成功，404 代表网页未找到等。运行结果如下所示。

```
200
[('Connection', 'close'), ('Content-Length', '13899'), ('Server',
'nginx'), ('Content-Type', 'text/html'), ('Last-Modified', 'Sun, 19 Dec
2021 06:45:27 GMT'), ('ETag', '"61bed507-364b"'), ('X-Clacks-Overhead',
'GNU Terry Pratchett'), ('Strict-Transport-Security', 'max-age=315360000;
includeSubDomains; preload'), ('Via', '1.1 varnish, 1.1 varnish'),
('Accept-Ranges', 'bytes'), ('Date', 'Mon, 20 Dec 2021 04:51:16 GMT'),
('Age', '79541'), ('X-Served-By', 'cache-lga21981-LGA, cache-tyo11920-
TYO'), ('X-Cache', 'HIT, HIT'), ('X-Cache-Hits', '1, 1'), ('X-Timer',
'S1639975876.439693,VS0,VE0'), ('Vary', 'Accept-Encoding')]
Nginx
```

结果中第一行和第二行分别输出了响应的状态码和响应头的信息，第三行则通过调用 getheader() 方法，传递 Server 参数获取了响应头中的 Server 值，结果表明服务器是用 Nginx 搭建的。

三、解析链接

urllib 库里提供了 parse 模块，它定义了处理 url 的标准接口，如实现 url 各部分的抽取、合并及链接转换。它支持如下协议：file、ftp、gopher、hdl、http、https、imap、mailto、mms、news、nntp、prospero、rsync、rtsp、rtspu、sftp、sip、sips、snews、svn、svn+ssh、telnet、wais。下面，介绍该模块中常用的方法。

（一）urlparse()

该方法可以实现 url 的识别和分段，该函数的声明如下所示。

```
urllib.parse.urlparse(urlstring, scheme='', allow_fragments=True)
```

urlstring 是必选参数，即待解析的 url；scheme 是默认的协议，如 HTTP 或 HTTPS 等；allow_fragments 即是否忽略 fragment，如果它被设置为 False，则 fragment 部分就会被忽略，它会被解析为 path、parameters 或 query 的一部分，而 fragment 部分为空。

（1）标准 url 解析。利用 urlparse() 方法进行了 url 的解析，相关代码如下所示。

```
from urllib.parse import urlparse
result = urlparse('http://www.baidu.com/index.html;user?id=5#comment')
print(type(result), result)
```

上述代码将打印 ParseResult 类型的对象，它包含 scheme、netloc、path、params、query 和 fragment 等 6 个部分。上述代码运行结果如下所示。

```
<class 'urllib.parse.ParseResult'> ParseResult(scheme='http',
netloc='www.baidu.com', path='/index.html', params='user', query='id=5',
fragment='comment')
```

待解析的 url 为 http://www.baidu.com/index.html;user?id=5#comment，即 urlparse() 方法将其拆分成了 6 个部分。通过观察可以发现，解析时使用特定的分隔符分隔开。:// 前面是 scheme，代表协议。/ 前面是 netloc，代表域名。/ 后面是 path，代表访问路径;/ 前面是 params，代表参数。? 后面是查询条件 query，一般用作 GET 类型。# 后面是锚点，用于直接定位页面内部的下拉位置。

因此，我们可以得出一个标准的链接格式，具体如下所示。

```
scheme://netloc/path;params?query#fragment
```

一个标准的 url 会符合这个规则，利用 urlparse() 方法可以将它拆分为 6 个部分。而解析完成返回的结果 ParseResult，其类型相关是一个元组，我们可以用索引顺序来获取，也可以用属性名获取，相关代码如下所示。

```
print(result.scheme, result[0], result.netloc, result[1], sep='\n')
```

运行结果如下所示。

```
http
http
www.baidu.com
www.baidu.com
```

可以发现，二者的结果是一致的，两种方法都可以成功获取。

（2）缺少协议 url 解析。除了上述最基本的解析方式，urlparse() 也支持解析其他配置的 url。当 url 没有带协议信息时，则会认为使用了默认的协议。我们来看以下的代码。

```
from urllib.parse import urlparse
result = urlparse('www.baidu.com/index.html;user?id=5#comment', scheme='https')
print(result)
```

在上述代码中，url 中并没有协议，但指定了 scheme 为 https，运行结果如下所示。

```
ParseResult(scheme='https', netloc='', path='www.baidu.com/index.html', params='user', query='id=5', fragment='comment')
```

如果我们在 url 中带上了协议，再指定 scheme，代码如下所示。

```
result = urlparse('http://www.baidu.com/index.html;user?id=5#comment', scheme='https')
```

则结果如下所示。

```
ParseResult(scheme='http', netloc='www.baidu.com', path='/index.html', params='user', query='id=5', fragment='comment')
```

可见，scheme 参数只有在 url 中不包含协议信息时才生效。如果 url 中有协议信息，就会返回 url 中的协议信息。

（3）缺少 fragment 的 url 解析。当 Fragment 被设置为 False 时，fragment 部分就会被忽略。我们来看以下的代码。

```
from urllib.parse import urlparse
```

```
result = urlparse('http://www.baidu.com/index.html;user?id=5#comment',
allow_fragments=False)
    print(result)
```

运行结果如下所示。

```
ParseResult(scheme='http', netloc='www.baidu.com', path='/index.html',
params='user', query='id=5#comment', fragment='')
```

可以看到，就算在 url 中包含了 fragment，但解析的结果也为空。

（4）缺少其他信息的 url 解析。如果 url 中不包含 params 和 query，进行解析，相关代码如下所示。

```
from urllib.parse import urlparse
    result = urlparse('http://www.baidu.com/index.html#comment', allow_fragments=False)
    print(result)
```

运行结果如下所示。

```
ParseResult(scheme='http', netloc='www.baidu.com', path='/index.html#comment', params='', query='', fragment='')
```

可以发现，当 url 中不包含 params 和 query 时，fragment 便会被解析为 path 的一部分。

（二）urlunparse()

有了 urlparse()，就会有对 url 进行反解析的方法 urlunparse()。该方法可以根据协议、路径等构造出一个 url，它的参数是一个可迭代对象。根据 urlparse 部分的介绍，我们知道一个标准的协议可以被解析为 6 个部分，因此，使用 urlunparse() 时，参数长度必须为 6，否则会出现参数数量不足或过多的问题，相关代码如下所示。

```
from urllib.parse import urlunparse
data = ['http', 'www.baidu.com', 'index.html', 'user', 'a=6', 'comment']
print(urlunparse(data))
```

这里，参数 data 用了可迭代类型——列表，也可以使用元组或特定的数据结构。运行结果如下所示。

```
http://www.baidu.com/index.html;user?a=6#comment
```

这样，我们就成功实现了 url 的构造。

(三) urlsplit()

该方法和 urlparse() 方法非常相似，但它不再单独解析 params 这一部分，只返回 5 个结果，相关代码如下所示。

```
from urllib.parse import urlsplit
result = urlsplit('http://www.baidu.com/index.html;user?id=5#comment')
print(result)
```

运行结果如下所示。

```
SplitResult(scheme='http', netloc='www.baidu.com', path='/index.html;user', query='id=5', fragment='comment')
```

可以发现，返回结果是 SplitResult，它是元组类型，既可以用属性获取值，也可以用索引来获取。相关代码如下所示。

```
from urllib.parse import urlsplit
result = urlsplit('http://www.baidu.com/index.html;user?id=5#comment')
print(result.scheme, result[0])
```

运行结果如下所示。

```
http http
```

(四) urlunsplit()

与 urlunparse() 类似，它也是将链接各个部分组合，构造出一个完整的 url，该函数传入的参数是一个可迭代对象，但其与 urlsplit 对应，因此，参数长度必须为 5，相关代码如下所示。

```
from urllib.parse import urlunsplit
data = ['http', 'www.baidu.com', 'index.html', 'a=123', 'comment']
print(urlunsplit(data))
```

运行结果如下所示。

```
http://www.baidu.com/index.html?a=123#comment
```

(五) urljoin()

有了 urlunparse() 和 urlunsplit() 方法，我们可以构造一个 url，但必须有特定长度的对象且每一部分都要清晰已知。另外，生成链接还有另一个方法，即 urljoin() 方法。该方法支持我们使用一个基础连接 base_url 作为第一个参数，将新的链接作为第二个参数，该方法会分析基础连接的 scheme、netloc 和 path 这 3 部分内容，然后对新链接缺失的部分进行补充，最后返回结果。相关代码如下所示。

```
from urllib.parse import urljoin

print(urljoin('http://www.baidu.com', 'index.html'))
print(urljoin('http://www.baidu.com', 'https://docs.Python.org'))
print(urljoin('http://www.baidu.com', 'https://docs.Python.org/3/library/index.html'))
print(urljoin('http://www.baidu.com/about.html', 'https://docs.Python.org/3/library/index.html'))
print(urljoin('http://www.baidu.com/about.html', 'https://docs.Python.org/3/search.html?q=urljoin'))
print(urljoin('http://www.baidu.com', '?category=2#comment'))
print(urljoin('www.baidu.com', '?category=2#comment'))
print(urljoin('www.baidu.com#comment', '?category=2'))
```

运行结果如下所示。

```
http://www.baidu.com/index.html
https://docs.Python.org
https://docs.Python.org/3/library/index.html
https://docs.Python.org/3/library/index.html
https://docs.Python.org/3/search.html?q=urljoin
http://www.baidu.com?category=2#comment
www.baidu.com?category=2#comment
www.baidu.com?category=2
```

通过代码运行结果可以发现，base_url 为构造出的 url 提供了 3 项内容——scheme、netloc 和 path，而 params、query 和 fragment 不起作用。如果 scheme、netloc、path 在新的链接里不存在，就会自动进行补充；如果新的链接存在，就使用新的链接的部分。

通过 urljoin() 方法，我们可以轻松实现链接的解析、拼合与生成。

（六）urlencode()

urlencode() 也是进行链接解析时的常用方法，它在构造 GET 请求参数的时候非常有用，相关代码如下所示。

```
from urllib.parse import urlencode
params = {
    'name': 'sgcc',
    'age': 18
}
base_url = 'http://www.baidu.com?'
url = base_url + urlencode(params)
print(url)
```

首先声明了一个字典来表示参数，然后调用 urlencode() 方法将其序列化为 GET 请求参数。运行结果如下所示。

```
http://www.baidu.com?name=sgcc&age=18
```

可以看到，参数成功地由字典类型转化为 GET 请求参数了。

urlencode() 方法非常常用，有时为了更加方便地构造参数，我们会提前用字典来构造参数，当需要转化为 url 时，只需调用该方法即可。

（七）parse_qs()

urlencode 对字典参数进行序列化，必然会有反序列化。利用 parse_qs() 方法可以对 GET 请求参数进行反序列化，将其转化为字典，相关代码如下所示。

```
from urllib.parse import parse_qs
query = 'name=sgcc&age=18'
print(parse_qs(query))
```

运行结果如下所示。

```
{'name': ['sgcc'], 'old': ['18']}
```

可以看到，url 成功地转化为字典类型。

（八）parse_qsl()

parse_qsl() 方法用于将参数转化为元组组成的列表，例子如下所示。

```
from urllib.parse import parse_qsl
query = 'name=sgcc&age=18'
print(parse_qsl(query))
```

运行结果如下所示。

```
[('name', 'sgcc'), ('old', '18')]
```

可以看到，运行结果是一个列表，而列表中的每一个元素都是元组类型，元组的第一个内容是参数名，第二个内容是参数值。

（九）quote()

quote() 方法可以将内容转化为 url 格式的编码，如果 url 中带有中文参数，可能出现乱码的情况，此时可以用这个方法将中文字符转化为 url 编码，相关代码如下所示。

```
from urllib.parse import quote
keyword = '音乐'
url = 'https://www.baidu.com/s?wd=' + quote(keyword)
print(url)
```

运行结果如下所示。

```
https://www.baidu.com/s?wd=%E9%9F%B3%E4%B9%90
```

（十）unquote()

有了 quote() 方法，当然就会有 unquote() 方法，它用于对 url 编码进行解码，相关代码如下所示。

```
from urllib.parse import unquote
url = 'https://www.baidu.com/s?wd=%E9%9F%B3%E4%B9%90'
print(unquote(url))
```

运行结果如下所示。

```
https://www.baidu.com/s?wd=音乐
```

可以看到，利用 unquote() 方法能方便地实现解码。

在本小节中，我们介绍了 parse 模块中一些常用的 url 处理方法，使用这些方法，我们可以方便地实现 url 的解析和构造。

第三节 requests 库的安装与使用

一、requests 的安装

通常情况下，我们可以通过在 cmd 命令窗口执行 pip 命令来安装 requests：

· 133 ·

pip install requests。当然，我们也可以通过 wheel 文件安装 requests，这里不再赘述。

如果不想用 pip 安装，或者想获取某一特定版本，可以通过下载源代码安装 requests。此种方式需要先找到 requests 库的源代码地址，下载后再用命令安装。

requests 项目的地址是：https://github.com/kennethreitz/requests。

可以通过 git 命令下载源代码。

```
git clone git://github.com/ kennethreitz/requests.git
```

或者通过 curl 命令下载源代码。

```
curl -OL https://github.com/ kennethreitz/requests/tarball/master
```

以下为部分 requests 相关的网站，读者可访问配合本书学习。

- GitHub：https://github.com/requests/requests
- PyPI：https://pypi.Python.org/pypi/requests
- 官方文档：http://www.Python-requests.org
- 中文文档：http://docs.Python-requests.org/zh_CN/latest

二、requests 的请求方法

（一）get()

urllib 库中的 urlopen() 方法实际上是以 GET 方式请求网页，而 requests 中相应的方法就是 get() 方法，相关代码如下所示。

```
import requests
print('访问baidu网站 获取Response对象')
r = requests.get("http://www.baidu.com")
print(type(r))
print(r.status_code)
print(r.encoding)
print(r.apparent_encoding)
print('将对象编码转换成UTF-8编码并打印出来')
r.encoding = 'utf-8'
print(r.text)
print(r.cookies)
```

在上述代码中，我们调用 get() 方法实现了与 urlopen() 相同的操作，得到了一个 Response 对象，然后分别输出了 Response 的类型、状态码、响应体的类型、内容及 Cookies。运行结果如下所示。

```
访问baidu网站 获取Response对象
<class 'requests.models.Response'>
200
ISO-8859-1
utf-8
将对象编码转换成UTF-8编码并打印出来
<!DOCTYPE html>
<!--STATUS OK--><html> <head><meta http-equiv=content-type content=text/html;charset=utf-8><meta http-equiv=X-UA-Compatible content=IE=Edge><meta content=always name=referrer><link rel=stylesheet type=text/css href=http://s1.bdstatic.com/r/www/cache/bdorz/baidu.min.css><title>百度一下，你就知道</title></head> <body link=#0000cc> ... </body></html>

<RequestsCookieJar[<Cookie BDORZ=27315 for .baidu.com/>]>
```

通过运行结果可以发现，代码的返回类型是 requests.models.Response，响应体的类型是字符串 str，Cookies 的类型是 RequestsCookieJar。

GET 请求是 HTTP 中最常见的请求之一，接下来将介绍如何利用 requests 构建 GET 请求的方法。

下面，构建一个最简单的 GET 请求，假设请求的链接为 http://httpbin.org/get，相关代码如下所示。

```
import requests
r = requests.get('http://httpbin.org/get')
print(r.text)
```

运行结果如下所示。

```
{
  "args": {},
  "headers": {
    "Accept": "*/*",
    "Accept-Encoding": "gzip, deflate",
    "Host": "httpbin.org",
    "User-Agent": "Python-requests/2.18.4",
    "X-Amzn-Trace-Id": "Root=1-61c075fd-4edef6a12118a04e784016b9"
  },
  "origin": "115.224.127.175",
```

```
    "url": "http://httpbin.org/get"
}
```

在上述代码中，我们成功发起了 GET 请求，返回结果中包含请求头、url、IP 等信息。

对于 GET 请求，如果要附加额外的信息，可以在构造的请求中加入这些额外信息，比如想添加两个参数，其中 name 是 sgcc、age 是 18，需要构造如下所示的请求。

```
r = requests.get('http://httpbin.org/get?name=sgcc&age=18)
```

运行结果如下所示。

```
{
  "args": {
    "age": "18",
    "name": "sgcc"
  },
  "headers": {
    "Accept": "*/*",
    "Accept-Encoding": "gzip, deflate",
    "Host": "httpbin.org",
    "User-Agent": "Python-requests/2.18.4",
    "X-Amzn-Trace-Id": "Root=1-61c078ba-2f4eeef019910ca13c26db3b"
  },
  "origin": "115.224.127.175",
  "url": "http://httpbin.org/get?name=sgcc&age=18"
}
```

在上述代码的运行结果中，我们也成功构造了 GET 请求。但是，这需要我们对 GET 请求结构方法及 url 编码非常熟悉，较难操作。因此，在一般情况下，此类额外的数据信息会使用字典来存储。此时，只需使用 params 参数即可，相关代码如下所示。

```
import requests

args = {
    'name': 'sgcc',
    'age': 18
}
r = requests.get('http://httpbin.org/get', params=args)
print(r.text)
```

运行结果如下所示。

```
{
  "args": {
    "age": "18",
    "name": "sgcc"
  },
  "headers": {
    "Accept": "*/*",
    "Accept-Encoding": "gzip, deflate",
    "Host": "httpbin.org",
    "User-Agent": "Python-requests/2.18.4",
    "X-Amzn-Trace-Id": "Root=1-61c0790e-49a96e454538255f2797ae60"
  },
  "origin": "115.224.127.175",
  "url": "http://httpbin.org/get?name=sgcc&age=18"
}
```

通过运行结果可以判断，请求的链接自动被构造成了：http://httpbin.org/get?name=sgcc&age=18。

（二）POST 请求

除了 GET 请求，HTTP 中另外一种非常常见的请求方式是 POST。使用 request 实现 POST 请求同样非常简单，相关代码如下所示。

```
import requests

args = {'name': 'sgcc', 'age': '18'}
r = requests.post('http://httpbin.org/post', data=args)
print(r.text)
```

这里请求的还是 http://httpbin.org/post，运行结果如下所示。

```
{
  "args": {},
  "data": "",
  "files": {},
  "form": {
    "age": "18",
    "name": "sgcc"
  },
  "headers": {
```

```
    "Accept": "*/*",
    "Accept-Encoding": "gzip, deflate",
    "Content-Length": "16",
    "Content-Type": "application/x-www-form-urlencoded",
    "Host": "httpbin.org",
    "User-Agent": "Python-requests/2.18.4",
    "X-Amzn-Trace-Id": "Root=1-61c07979-75c7aefb7dc263a4479b7c79"
  },
  "json": null,
  "origin": "115.224.127.175",
  "url": "http://httpbin.org/post"
}
```

可以发现，我们成功获得了返回结果，其中 form 部分即为提交的数据，由此可证明 POST 请求成功发送了。

（三）其他的请求方法

requests 不仅支持使用 get() 方法和 post() 方法，还支持使用一句代码实现其他的 PUT、DELETE 等请求类型，相关代码如下所示。

```
args = {'name': 'sgcc', 'age': '18'}
r = requests.put('https://httpbin.org/put', data = args)
r = requests.delete('https://httpbin.org/delete', data = args)
r = requests.head('https://httpbin.org/get', data = args)
r = requests.options('https://httpbin.org/get', data = args)
```

这里分别用 put()、delete() 等方法实现了 PUT、DELETE 等请求，相较 urllib，实现方式更简单。

（四）返回数据

不论使用 requests 中的哪种请求方法，网页返回的类型都是 str，但这是 JSON 格式的 str。所以，如果想直接解析返回结果，可以调用 json() 方法，由此可得到一个字典格式。该方法的效果和调用 json.loads() 的效果一样，相关代码如下所示。

```
import requests
import json

r = requests.get('http://httpbin.org/get')
print(type(r.text))
```

```
print(r.json())
print(json.loads(r.text))
print(type(r.json()))
```

运行结果如下所示。

```
<class 'str'>
    {'args': {}, 'headers': {'Accept': '*/*', 'Accept-Encoding': 'gzip,
deflate', 'Host': 'httpbin.org', 'User-Agent': 'Python-requests/2.18.4',
'X-Amzn-Trace-Id': 'Root=1-61c07d7e-1de04b80395d8b12349521a1'}, 'origin':
'115.224.127.175', 'url': 'http://httpbin.org/get'}
    {'args': {}, 'headers': {'Accept': '*/*', 'Accept-Encoding': 'gzip,
deflate', 'Host': 'httpbin.org', 'User-Agent': 'Python-requests/2.18.4',
'X-Amzn-Trace-Id': 'Root=1-61c07d7e-1de04b80395d8b12349521a1'}, 'origin':
'115.224.127.175', 'url': 'http://httpbin.org/get'}
<class 'dict'>
```

三、request 获取网络数据

（一）获取网页

如果请求普通的网页，使用 get() 就能获得相应的内容。下面以豆瓣网站中的"读书"模块为例进行操作，相关代码如下所示。

```
import requests
import re
headers = {
        'User-Agent': 'Mozilla/5.0 (Windows NT 10.0; Win64; x64)
AppleWebKit/537.36 (KHTML, like Gecko) Chrome/88.0.4324.104 Safari/537.36'
    }
r = requests.get("https://book.douban.com/", headers=headers)
pattern = re.compile('<h4 class="title">(.*?)</h4>(.*?)</a>', re.S)
titles = re.findall(pattern, r.text)
print(titles)
```

这里，我们加入了 headers 信息，其中包含 User-Agent 字段信息，即浏览器标识信息，如果不使用 headers 信息，豆瓣会禁止获取网页内容。

为了获取数据，代码中用到了正则表达式，来匹配所有想要的内容。关于正则表达式的详细内容介绍，请阅读第五章的相关内容。运行结果如下所示。

```
['\n穿越亚洲腹地（上卷）：向着拉萨漂流前行\n',
 '\n青春燃烧：日本动漫与战后左翼运动\n',
 '\n回到种子里去\n',
 '\n镰刀与城市：以上海为例的死亡社会史研究\n',
 '\n至少还有书\n',
 '\n初为人母\n',
 '\n法律、自由与道德\n',
 '\n里约折叠：追击贫民窟毒枭\n',
 '\n末代沙皇：尼古拉二世的最后503天\n',
 '\n昨夜\n',
 '\n《蝙蝠侠》与哲学：黑暗骑士之魂\n',
 '\n重审近代中国的结社\n',
 '\n鱼没有脚\n',
 '\n马克斯·韦伯与经济社会学思想\n',
 '\n我想和你穿山越岭来相爱\n',
 '\n张医生与王医生\n']
```

可以看到，这里成功提取出了一个页面显示的所有书单。

（二）获取二进制数据

在上面的例子中，我们获取的是豆瓣的一个页面，实际上它返回的是一个 HTML 文档。以上方法只能获取文本信息，不能直接获取图片、音频、视频等文件，因为网站中的此类文件是使用二进制码存储的。对于使用二进制码存储的文件，需要通过特定的保存方式和解析方式才能运行，因此，只有获取这些文件的二进制码，才能获取文件。下面以豆瓣的站点图标为例进行操作，相关代码如下所示。

```
import requests
url='https://img3.doubanio.com/f/sns/19886d443852bee48de2ed91f4a3bdfdaf8c809c/pics/nav/logo_db.png'
r = requests.get(url)
print(r.text)
print(r.content)
```

这里获取的内容是站点图标。运行结果如图 4-2 所示，其中前面部分的乱码是 r.text 的结果，后面 16 进制表示的则是 r.content 的结果。

图 4-2　运行结果（二）

通过图 4-2 可以看到，前者出现了乱码，后者结果前有一个 b，这代表是 bytes 类型的数据。由于图片是二进制数据，前者在打印时转化为 str 类型，即图片直接转化为字符串，所以会出现乱码。我们将刚才提取到的图片保存下来，相关代码如下所示。

```
import requests
url='https://img3.doubanio.com/f/sns/19886d443852bee48de2ed91f4a3bdfdaf
8c809c/pics/nav/logo_db.png'
r = requests.get(url)
with open('logo_db.png', 'wb') as f:
    f.write(r.content)
```

运行结束后，我们可以发现文件夹中出现了名为 logo_db.png 的图标，如图 4-3 所示。

图 4-3　logo_db.png 图标

同样，音频、视频文件也可以用上述的方法获取。

四、添加 headers

与 urllib.request 一样，我们也可以通过 headers 参数来传递头信息。比如，在上面的"豆瓣读书"例子中，我们不传递 headers，相关代码如下所示。

```
import requests

r = requests.get('https://book.douban.com/')
print(r.url)
print(r.text)
print(len(r.text))
```

如果不传递 headers，那么就不能正常请求，r.text 返回结果也会为空字符串，运行结果如下所示。

```
https://book.douban.com/
0
```

如果加上 headers 并加上 User-Agent 信息，就可以正常请求。

```
import requests
headers = {
        'User-Agent': 'Mozilla/5.0 (Windows NT 10.0; Win64; x64) AppleWebKit/537.36 (KHTML, like Gecko) Chrome/88.0.4324.104 Safari/537.36'
}
r = requests.get("https://book.douban.com/", headers=headers)
print(r.text)
```

当然，我们可以在 headers 参数中任意添加其他的字段信息。

五、requests 的响应

发送请求成功后，就会得到响应。在上面的"豆瓣读书"例子中，我们使用 text 和 content 获取了响应的内容。此外，还有很多属性和方法可以获取状态码、响应头、Cookies 等其他信息，相关代码如下所示。

```
import requests

r = requests.get('https://weibo.com/')
print(type(r.status_code), r.status_code)
print(type(r.headers), r.headers)
print(type(r.cookies), r.cookies)
```

```
print(type(r.url), r.url)
print(type(r.history), r.history)
```

这里分别输出 status_code 属性得到状态码，输出 headers 属性得到响应头，输出 cookies 属性得到 Cookies，输出 url 属性得到 url，输出 history 属性得到请求历史。运行结果如下所示。

```
<class 'int'> 200
<class 'requests.structures.CaseInsensitiveDict'> {'Server':
'nginx/1.6.1', 'Date': 'Mon, 20 Dec 2021 13:33:46 GMT', 'Content-Type':
'text/html', 'Transfer-Encoding': 'chunked', 'Connection': 'keep-alive',
'Vary': 'Accept-Encoding', 'Cache-Control': 'no-cache, must-revalidate',
'Expires': 'Sat, 26 Jul 1997 05:00:00 GMT', 'Pragma': 'no-cache, no-cache',
'DPOOL_HEADER': 'yf-pub-10-79-80-135', 'Content-Encoding': 'gzip'}
<class 'requests.cookies.RequestsCookieJar'> <RequestsCookieJar[]>
<class 'str'> https://passport.weibo.com/visitor/visitor?entry=miniblo
g&a=enter&url=https%3A%2F%2Fweibo.com%2F&domain=.weibo.com&ua=php-sso_sdk_
client-0.6.36&_rand=1640007225.8939
<class 'list'> [<Response [302]>]
```

可以看到，headers 和 cookies 这两个属性得到的结果分别是 CaseInsensitiveDict 和 RequestsCookieJar 类型，状态码常用来判断请求是否成功。

requests 还提供了一个内置的状态码查询对象 requests.codes，例子如下所示。

```
import requests
r = requests.get('https://weibo.com/')
if r.status_code == requests.codes.ok:
    print('Request Successfully')
else:
    print('Request Failed')
```

requests.codes.ok 为内置的表示成功的条件码。在上述代码中，通过比较响应的返回码和内置的表示成功的返回码，来判断请求是否得到了正常响应。如果一致，就输出成功请求的消息；否则，输出请求失败。

除了 ok 返回码，还有其他的返回码，表 4-2 列出了常用的返回码类型、返回码值及其相应的含义。

表 4-2　常用的返回码类型、返回码值及其相应的含义

返回码类型	返回码值	返回码含义
信息性状态码	100	('continue',),
	101	('switching_protocols',),
	102	('processing',),
	103	('checkpoint',),
	122	('url_too_long', 'request_url_too_long'),
成功状态码	200	('ok', 'okay', 'all_ok', ' all_okay', 'all_good', '\\o/', '√'),
	201	('created',),
	202	('accepted',),
	203	('non_authoritative_info', 'non _authoritative_ information'),
	204	('no content',),
重定向状态码	301	('moved_permanently', 'moved', '\\o-'),
	302	('found',)
	303	('see_ other', 'other')
	304	('not_ modified',)
	305	('use _proxy',),
客户端误状态码	400	('bad_request', 'bad'),
	401	: ('unauthorized',),
	402	('payment_required', 'payment'),
	403	('forbidden',),
	404	: ('not_found', '-o-'),
	405	('method_not_allowed', 'not_allowed'),
	408	('request_timeout', 'timeout'),
服务器短错误状态码	500	('internal_server_error', 'server_error', '/o\\', '×'),
	501	('not_implemented',)
	502	('bad_gateway',),
	503	('service_unavailable', 'unavailable'),
	504	('gateway_timeout',),

如果想判断结果是不是 404 状态，可以用 requests.codes.not_found 来比对。表 4-2 中列出的是常用的返回码，如果想了解更多返回码的资料，可查阅 HTTP 的具体内容。

六、requests 的高级用法

在前文中，我们已经了解了 requests 的基本用法，如基本的 GET、POST 请求及 response 对象。接下来，我们再介绍 requests 的一些高级用法，如文件上传、Cookies 设置、代理设置等。

（一）文件上传

我们知道，requests 可以模拟发送请求，提交数据，那么也可以使用 requests 进行文件上传操作，相关代码如下所示。

```
import requests
files = {'file': open('logo_db.png', 'rb')}
r = requests.post("http://httpbin.org/post", files=files)
print(r.text)
```

在前文中，我们保存了豆瓣的图标文件，这次用它来模拟文件上传的过程。需要注意，该图标需要和当前的代码脚本在同一目录下，相关代码如下所示。

```
{
  "args": {},
  "data": "",
  "files": {
    "file": "data:application/octet-stream;base64,iVBORw..."
  },
  "form": {},
  "headers": {
    "Accept": "*/*",
    "Accept-Encoding": "gzip, deflate",
    "Content-Length": "2547",
    "Content-Type": "multipart/form-data; boundary=c06e103ef8b4455aa6542088bb3d854e",
    "Host": "httpbin.org",
    "User-Agent": "Python-requests/2.18.4",
    "X-Amzn-Trace-Id": "Root=1-61c088fa-1202f4e8576f473c748b0d3a"
  },
```

```
    "json": null,
    "origin": "115.224.127.175",
    "url": "http://httpbin.org/post"
}
```

以上完整代码较长，省略了部分内容。我们向 http://httpbin.org/post 使用以上代码，网站会返回响应，代码中包含 files 这个字段，但 form 字段是空的，这说明文件上传部分会单独使用 files 字段来标识。

（二）Cookies

在前文中，我们介绍了使用 urllib 处理 Cookies，但过程比较复杂，而使用 requests 获取和设置 Cookies 只需一步即可完成。我们来看如下所示的代码。

```
import requests

headers = {
    'User-Agent': 'Mozilla/5.0 (Windows NT 10.0; Win64; x64) AppleWebKit/537.36 (KHTML, like Gecko) Chrome/88.0.4324.104 Safari/537.36'
}
r = requests.get("https://book.douban.com/", headers=headers)
print(r.cookies)
for key, value in r.cookies.items():
    print(key + '=' + value)
```

运行结果如下所示。

```
<RequestsCookieJar[<Cookie bid=W0vv0Da6-bA for .douban.com/>]>
bid=W0vv0Da6-bA
```

这里，我们首先调用 cookies 属性，即可成功得到网站的 Cookies，它是一个 RequestCookieJar 对象，然后用 items() 方法将其转化为元组组成的列表，遍历输出每一个 Cookies 的名称和值，实现 Cookies 的遍历解析。

我们也可以使用 Cookies 来维持登录状态。下面，继续以"豆瓣读书"为例来说明。登录"豆瓣读书"，将上述代码里的 headers 中的 Cookies 内容复制到图 4-4 中所示的位置。

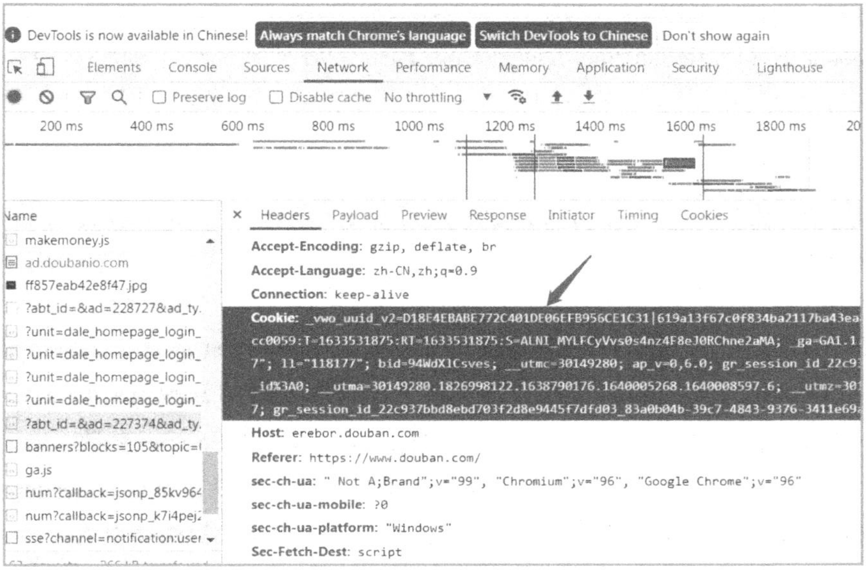

图 4-4　复制 Cookies

这里，可以替换成其他的 Cookies，将其设置到 headers 中，然后发送请求，相关代码如下所示。

```
import requests

headers = {
    'Cookie': '_vwo_uuid_v2=D18E4EBABE772...',
    'User-Agent': 'Mozilla/5.0 (Windows NT 10.0; Win64; x64) AppleWebKit/537.36 (KHTML, like Gecko) Chrome/88.0.4324.104 Safari/537.36'
}
r = requests.get('https://book.douban.com/', headers=headers)
print(r.text)
```

由此，就可以使用 Cookies 成功登录了。

我们也可以通过设置 Cookies 参数来维持登录，不过，这样就需要提前构造 RequestsCookieJar 对象，而且需要分割 Cookies，代码相对烦琐，但效果是相同的，相关代码如下所示。

```
import requests
cookies = '_vwo_uuid_v2=D18E4EBABE772...'
jar = requests.cookies.RequestsCookieJar()
headers = {
```

```
        'User-Agent': 'Mozilla/5.0 (Windows NT 10.0; Win64; x64)
AppleWebKit/537.36 (KHTML, like Gecko) Chrome/88.0.4324.104 Safari/537.36'
    }
    for cookie in cookies.split(';'):
        key, value = cookie.split('=', 1)
        jar.set(key, value)
    r = requests.get('https://book.douban.com/', cookies=jar,
headers=headers)
    print(r.text)
```

在上述代码中,我们首先新建了一个 RequestCookieJar 对象。然后,将复制下来的 Cookies 利用 split() 方法分隔。接着,利用 set() 方法设置好每个 Cookies 的 key 和 value。最后,通过调用 requests 的 get() 方法传递 Cookies 参数。由于"豆瓣读书"本身的限制,headers 参数也是必需的,但不需要在原来的 headers 参数里面设置 Cookie 字段。测试后,发现同样可以正常登录"豆瓣读书"。

(三) 会话维持

在 requests 中,如果直接利用 get() 或 post() 等方法,可以模拟网页的请求,但实际上,这是两个不同的会话,相当于我们使用了两个浏览器,打开了不同的页面。所以,如果我们第一次使用 post() 方法登录了某个网站,第二次又想获取成功登录后的个人信息,使用一次 get() 方法是获取不到个人信息的,因为这是两个不同的会话。如果我们在两次请求时设置一样的 Cookies,是可以在两个会话中获取个人信息的,但这种做法非常烦琐。如果只使用同一个对话,相当于只打开一个新的浏览器选项卡,而不是重新打开浏览器。此时,我们便可以使用 Session 对象,这样可以避免每次都重新设置 Cookies。使用 Session 对象,可以方便地维护一个会话,而且不用担心 Cookies 的问题,相关代码如下所示。

```
import requests
requests.get("http://httpbin.org/cookies/set/sgcc/95598")
r = requests.get("http://httpbin.org/cookies")
print(r.text)
```

这里,我们请求了一个测试网址 http://httpbin.org/cookies/set/sgcc/95598。请求这个网址时,可以设置一个 Cookies,名称为 sgcc,内容是 95598。随后,又请求了 http://httpbin.org/cookies,此网址可以获取当前的 Cookies。运行结果如下所示。

```
{
    "cookies": {}
}
```

运行结果表明获取不到。我们再使用 Session 对象，相关代码如下所示。

```
import requests
s = requests.Session()
s.get('http://httpbin.org/cookies/set/sgcc/95598')
r = s.get('http://httpbin.org/cookies')
print(r.text)
```

再看如下所示的运行结果。

```
{
  "cookies": {
    "sgcc": "95598"
  }
}
```

通过 Session 对象可以成功获取。

所以，利用 Session，可以使用同一个会话，而不用频繁地设置 Cookies，Session 对象通常用于模拟登录成功之后再进行下一步的操作。

（四）身份认证

很多网站需要我们登录后才能访问，此时可以使用 requests 自带的身份认证功能。我们使用在本地搭建的网站进行介绍，该网站使用 HTTP 基础认证，那么我们可以使用 request.auth 中的 HTTPBasicAuth 模块进行操作，相关代码如下所示。

```
import requests
from requests.auth import HTTPBasicAuth
r = requests.get("http://localhost:8080", auth=HTTPBasicAuth('username', 'password'))
print(r.statis_code)
```

在上述代码中，如果用户名和密码正确，请求时会自动认证成功，返回 200 状态码；如果认证失败，则返回 401 状态码。在上述代码中，需要构造一个 HTTPBasicAuth 基础认证类，但每次认证都构造 HTTPBasicAuth 稍显烦琐，所以，requests 提供了一个更简单的写法，可以直接传入带用户名和密码的元组，它会默认使用 HTTPBasicAuth 类来认证，相关代码如下所示。

```
import requests

r = requests.get("http://localhost:8080", auth= ('username',
'password'))
print(r.statis_code)
```

requests.auth 中还包含其他认证模块。此外，requests 还提供了其他认证方式，如 OAuth 认证，但需要安装 oauth 包。关于 oauth 包的安装，以及更多详细的功能可以参考 requests_oauthlib 的官方文档 https://requests-oauthlib.readthedocs.org/，在此不再赘述。

（五）代理设置

对于某些网站，如果我们仅发送少数的请求，可以正常获取内容。但是，如果我们想要获取其中的内容而进行多次请求时，网站可能弹出验证码，或者跳转到登录认证页面。而有些安全性要求较高的网站，可能直接封禁多次请求的客户端的 IP，导致一定时间段内无法访问。对于几次访问后就无法访问的情况，requests 中提供了代理，可以解决该问题。注意，无论是否适用了代理，本书都不建议读者对某一网站频繁发送请求，频繁的请求可能给网站的正常使用带来影响。

设置代理需要用到 proxies 参数，相关代码如下所示。

```
import requests
proxies = {
    "http": "http://10.10.10.1:1080",
    "https": "http://10.10.1.1:3080",
}
requests.get("https://book.dangdang.com", proxies=proxies)
```

上述代码是无法直接运行的，因为代码中的代理是无效的。在实际使用时，请换成有效代理进行试验。

若代理需要使用基本认证（HTTPBasicAuth），即需要提供用户名和密码，可以使用类似 http://user:password@host:port 的语法来设置代理，相关代码如下所示。

```
import requests
proxies = {
    "http": "http:// user:password@10.10.10.1:1080/",
```

```
}
requests.get("https://book.dangdang.com", proxies=proxies)
```

(六)超时设置

在本机网络状况较差或服务器网络出现问题而导致响应太慢甚至无响应时，我们可能需要长时间等待才能得到响应，但也有可能收不到响应而产生超时报错。为了避免该问题，需要设置超时时间，即超过了这个时间还没有得到响应，那就结束等待。这就需要使用 timeout 参数，该参数表示发出请求到服务器返回响应的时间。相关代码如下所示。

```
import requests
r = requests.get("https://book.dangdang.com", timeout = 1)
print(r.status_code)
```

在上述代码中，我们将超时时间设置为 1 秒，如果 1 秒内没有响应，那就结束等待并抛出异常。在上述代码运行的过程中，请求分为了两个阶段——连接（connect）和读取（read），设置的 timeout 是连接和读取这两个阶段的等待时间总和。如果需要分别指定，则可以传入一个元组，相关代码如下所示。

```
r = requests.get("https://book.dangdang.com", timeout = (5, 30))
```

如果想永久等待，则可以不设置 timeout 参数。该参数默认为空，即默认永久等待，直到浏览器或服务器返回超时错误。

◀ 本章小结 ▶

本章介绍了网络数据相关基础知识、urllib、requests 库的安装和使用。通过对本章的学习，读者可了解 HTTP 协议，以及 Session、Cookies、认证等专业术语，掌握获取网络数据的方法。

第五章

网络数据解析方法

第一节 网络数据解析概述

关于网络数据解析的概述，本章将介绍正则表达式和 lxml，在此之前，我们需要了解一些相关知识。

一、HTML

HTML 不是编程语言，而是一种描述网页的标记语言，在我们获取的网页数据中，绝大多数都包含 HTML 语言。作为一种标记语言，其标记标签被称为 HTML 标签。HTML 标签是由尖括号包围的关键词，比如 <html>，它有以下特点。

（1）HTML 标签通常是成对出现的，比如 <li> 和 </li>，第一个是开始标签，第二个是结束标签，也被称为开放标签和闭合标签。

（2）HTML 中的所有标签都是预先定义的，用户不能随意创建标签。以下为几个 HTML 标签的例子。

① <html> *** </html>：用于描述网页。
② <body> *** </body>：用于描述可见的页面内容。
③ <h1> *** </h1>：用于以显示标题。
④ <p> *** </p>：用于显示段落。

二、XML

XML 也是一种标记语言，是 HTML 的辅助和补充，具有传输和存储数据的功能。XML 中的标记是也是成对的，但和 HTML 语言不同，用户可以自定义这些标记。

我们来看下面的例子。

```
<note>
<to>George</to>
<from>John</from>
<heading>Reminder</heading>
<body>Don't forget the meeting!</body>
</note>
```

上面例子中的标签都是由用户自定义的，因为 XML 没有预定义的标签。XML 允许用户定义自己的标签和自己的文档结构。

在大多数 Web 应用程序中，XML 用于传输数据，而 HTML 用于格式化并显示数据（以上例子来自于 W3School）。

三、XPath

XPath 即 XML Path Language，是 XML 路径语言，是在 XML 文档中查找信息的语言，XPath 可对 XML 文档中的元素和属性进行遍历，同样也可以对 HTML 文档进行搜索。

我们来看下面的 XML 文档。

```
<?xml version="1.0" encoding="ISO-8859-1"?>
<bookstore>
<book>
  <title lang="en">Harry Potter</title>
  <author>J K. Rowling</author>
  <year>2005</year>
  <price>29.99</price>
</book>
</bookstore>
```

在上述 XML 文档中有多个节点，<bookstore> 是文档节点，<author>J K. Rowling</author> 是元素节点，lang="en" 是属性节点，"en" 是文本节点。

每个元素及属性都有一个父节点，book 是 title、author、year、price 的父节点，对应的，它们是 book 的子节点，它们又相互为同胞节点。对于这些节点，XPath 使用路径表达式来获取，从而可以快速地获取其中的内容。

路径表达式是 XPath 的核心，可用于确定 XML 文档中的节点位置。路径表达式使用斜杠"/"来分隔节点,可以包含谓语,即限制条件。路径表达式如下所示。

```
/App/App1[@Category='Python']/Name
```

上述这个表达式的含义:在名为"App"的根节点下,找到名称为"App1"的子节点,且其 Category 属性值为 'Python',然后选择其子节点 Name。

上述路径表达式中使用到了 XPath 的常用规则,表 5-1 列举了 XPath 表达式及功能。

表 5-1　XPath 表达式及功能

表达式	功能
Nodename	选取此节点的所有子节点
/	从当前节点选取直接子节点
//	从当前节点选取子孙节点
.	选取当前节点
..	选取当前节点的父节点
@	选取属性

后文,将通过 Python 的 lxml 库,利用 XPath 进行 HTML 的解析。

第二节　正则表达式

一、正则表达式概述

正则表达式通常用于对字符串进行检索、替换、匹配,是处理字符串的强大工具。正则表达式是一种逻辑公式,它有自己的语法结构,用预先定义好的字母、符号组成公式,即可实现字符串的检索、替换、匹配验证。使用正则表达式,我们可以从复杂的网络数据尤其是 HTML 数据、XML 数据中快速、便捷地获取需要的数据。

打开开源中国提供的正则表达式测试工具 http://tool.oschina.net/regex/,输入待匹配的文本,然后选择常用的正则表达式。

输入待匹配的文本如下所示。

```
 Hello, my phone number is 010-1234567890 and email is mypc@mypc.com, and my website is https:// mypc.com.
```

在上面这段字符串中，含有一个电话、一个邮箱地址及一个网站。接下来，我们尝试使用正则表达式只将网站提取出来，结果如图 5-1 所示。

图 5-1　使用正则表达式提取内容的结果

在图 5-1 中，我们使用的正则表达式如下所示。

```
[a-zA-z]+://[^\s]*
```

利用上面的正则表达式，即可准确匹配出网站地址。

二、正则表达式的匹配模式

在正则表达式中，有大量的匹配模式。Python 的 re 库提供了整个正则表达式的实现，利用这个库，可以在 Python 中使用正则表达式。表 5-2 即为常用的匹配模式及其描述。

表 5-2　常用的匹配模式及其描述

模式	描述
\w	匹配字母、数字及下画线
\W	匹配不是字母、数字及下画线的字符

续表

模式	描述
\s	匹配任意空白字符，等价于 [\t \n \r \f]
\S	匹配任意非空字符
\d	匹配任意数字，等价于 [0~9]
\D	匹配任意非数字的字符
\A	匹配字符串开头
\Z	匹配字符串结尾，如果存在换行，只匹配到换行前的结束字符串
\z	匹配字符串结尾，如果存在换行，同时还会匹配换行符
\G	匹配最后匹配完成的位置
\n	匹配一个换行符
\t	匹配一个制表符
^	匹配一行字符串的开头
$	匹配一行字符串的结尾
.	匹配任意字符，除了换行符，当 re.DOTALL 标记被指定时，则可以匹配包括换行符的任意字符
[…]	用来表示一组字符，单独列出，比如 [amk] 匹配 a、m 或 k
[^…]	不在 [] 中的字符，比如 [^abc] 匹配除了 a、b、c 之外的字符
*	匹配 0 个或多个表达式
+	匹配 1 个或多个表达式
?	匹配 0 个或 1 个前面的正则表达式定义的片段，非贪婪方式
{n}	精确匹配 n 个前面的表达式
{n, m}	匹配 n 到 m 次由前面正则表达式定义的片段，贪婪方式
a|b	匹配 a 或 b
()	匹配括号内的表达式，也表示一个组

需要注意的是：①点符号（.）只有被转义时才匹配自身，比如点号（.）只有用 \. 才表示是点号；②字母和数字表示它们自身，如果前面加一个反斜杠可能拥有不同的含义；③反斜杠 / 本身需要使用反斜杠 / 进行转义。

下面，我们对具体的实例进行描述，如表 5-3 所示。

表 5-3 正则表达式具体实例及描述

实例	描述
Python	匹配"Python"
[Pp]ython	匹配"Python"或"Python"
rub[ye]	匹配"ruby"或"rube"
[aeiou]	匹配中括号内的任意一个字母
[0-9]	匹配任何数字，类似于 [0123456789]
[a-z]	匹配任何小写字母
[A-Z]	匹配任何大写字母
[a-zA-Z0-9]	匹配任何字母及数字
[^abcde]	匹配除 abcde 字母外的所有字符
[^0-9]	匹配除数字以外的字符
.	匹配除"\n"之外的任何单个字符。要匹配包括"\n"在内的任何字符，可使用如"[.\n]"的模式
\d	匹配一个数字字符，等价于 [0~9]
\D	匹配一个非数字字符，等价于 [^0~9]
\s	匹配任何空白字符，包括空格、制表符、换页符等，等价于 [\f\n\r\t\v]
\S	匹配任何非空白字符，等价于 [^ \f\n\r\t\v]
\w	匹配包括下画线的任何单词字符，等价于"[A-Za-z0-9_]"
\W	匹配任何非单词字符，等价于"[^A-Za-z0-9_]"

三、正则表达式的常用函数

（一）compile()

compile 函数根据一个模式的字符串和可选的标志参数生成一个正则表达式

对象，该对象拥有一系列方法可用于正则表达式匹配和替换。该函数的声明如下所示。

```
compile(pattern[,flags] )          # 根据包含正则表达式的字符串创建模式对象
```

第一个参数为 pattern 对象；第二个参数为 flags，flags 是匹配模式，可以使用按位或 "|" 表示同时生效。

compile () 函数示例代码及输出结果如下所示。

```
in      import re
        pattern1 = re.compile(r"""\d +\.\d *""", re.X)#
        text = "abc12.3efg"
        print(pattern1.findall(text))
out     ['12.3']
```

在上述代码中，第 2~5 行利用 3 个双引号定义多行字符串，匹配带有小数点的数字。compile 中的第二个参数设置成 re.X 表示可以多行匹配。

（二）match()

re.match 尝试从字符串的起始位置开始匹配，如果不是在起始位置匹配成功，match() 就返回 none。函数的声明如下所示。

```
re.match(pattern, string, flags=0)
```

第一个参数 pattern 是匹配的正则表达式；第二个参数 string 是要匹配的字符串；第三个参数 flags 为控制正则表达式匹配方式的标志位，如是否区分大小写、是否为多行匹配等。

match() 函数示例代码及输出结果如下所示。

```
in      import re
        print(re.match('www', 'www.website.com').span())   # 在起始位置匹配
        print(re.match('com', 'www.website.com'))           # 不在起始位置匹配
out     (0, 3)
        None
```

如果使用 match() 匹配到了多个字符串，那么可以使用 group 和 groups 对匹配到的字符串进行遍历，示例代码及输出结果如下所示。

```
in      import re
        strs = "人民电业为人民!电力铁军, 加油!"
        mObj= re.match( r'(.*?)!(.*)', strs, re.M|re.I)
```

```
          if mObj:
              print ("m.groups() : ", m.groups())
              print ("m.group(0) : ", m.group(0))
              print ("m.group(1) : ", m.group(1))
              print ("m.group(2) : ", m.group(2))
          else:
              print ("没有匹配内容")
out       m.groups() :  ('人民电业为人民', '电力铁军，加油！')
          m.group(0) :  人民电业为人民！电力铁军，加油！
          m.group(1) :  人民电业为人民
          m.group(2) :  电力铁军，加油！
```

（三）search()

re.search 扫描整个字符串并返回第一个成功匹配的对象，如果匹配不成功，则返回 None。函数的声明如下所示。

```
re. search (pattern, string, flags=0)
```

和其他函数一样，pattern 为匹配的正则表达式，string 为要匹配的字符串，flags 为用于控制正则表达式的匹配方式的标志位。

search 函数的相关代码及输出结果如下所示。

```
in     import re
       print(re.search('www', 'www.website.com').span())    # 在起始位置匹配
       print(re.search('com', 'www.website.com').span())    # 不在起始位置匹配
out    (0, 3)
       (12, 15)
```

与 re.match 函数类似，可以使用 group(num) 或 groups() 匹配对象函数来获取匹配表达式。

re.match 与 re.search 的区别在于，re.match 只匹配字符串的开始，如果字符串开始不符合正则表达式，则匹配失败，函数返回 None；而 re.search 匹配整个字符串，直到找到一个匹配结果。

（四）findall()

findall 函数能够返回字符串中所有与 pattern 相匹配的字符串，返回一个数组格式的对象，通常我们使用 findall 查找满足 pattern 形式的所有字符串。函数的声明如下所示。

```
findall(pattern, string, flags=0)
```

其参数的用法与 re.match() 函数相同，相关代码及输出结果如下所示。

```
in      import re
        re1 = re.findall(r"docs","https://docs.Python.org/3/test/test123.
        html")
        print (re1)
out     ['docs']
```

（五）sub()

Python 的 re 模块提供了 re.sub 函数，用于替换字符串中的匹配项。函数的声明如下所示。

```
re.sub (pattern, repl, string, count=0)
```

pattern 是匹配的正则表达式；repl 是替换的字符串，也可为一个函数；string 是要匹配的字符串；count 是模式匹配后替换的最大次数，默认为 0，表示替换所有的匹配。

利用 sub() 函数可以进行替换，也可以进行删除。使用 sub() 删除注释，相关代码如下所示。

```
in      import re
        phone = "0571-1234-5678             # 这是一个电话号码"
        num = re.sub(r'#.*$', "", phone)    # 删除注释
        print ("电话号码 : ", num)
        # 移除非数字的内容
        num1 = re.sub(r'\D', "", num)
        print ("电话号码 : ", num1)
out     电话号码 :  0571-1234-5678
        电话号码 :  057112345678
```

（六）正则表达式匹配实例

在这一部分，我们使用前面介绍过的函数来对各类字符串进行匹配，提取我们想要的内容。

符号 ^ 表示匹配以 https 开头的字符串，代码及结果如下所示。

```
in      import re
        re2 = re.findall(r"^https","https://docs.Python.org/3/test/
        test123.html")
```

```
out      ['https']
```

用 $ 符号表示匹配以 html 结尾的字符串，代码及结果如下所示。

```
in       import re
         re3 = re.findall(r"html$","https://docs.Python.org/3/test/test123.html")
         print (re3)
out      ['html']
```

用 [...] 匹配括号中的一个字符，代码及结果如下所示。

```
in       import re
         re4 = re.findall(r"[t,w]h","https://docs.Python.org/3/test/what123.html")
         print (re4)
out      ['th', 'wh']
```

使用 d 匹配字符串中的数字。

```
in       import re
         re5 = re.findall(r"\d","https://docs.Python.org/3/test/test123.html")
         re6 = re.findall(r"\d\d\d","https://docs.Python.org/3/test/test123.html/1234")
         print (re5)
         print (re6)
out      ['3', '1', '2', '3']
         ['123', '123']
```

使用 D 匹配数字以外的字符。

```
in       import re
         re7 = re.findall(r"\D","https://docs.Python.org/3/test/test123.html")
         print (re7)
out      ['h', 't', 't', 'p', 's', ':', '/', '/', 'd', 'o', 'c', 's', '.',
         'p', 'y', 't', 'h', 'o', 'n', '.', 'o', 'r', 'g', '/', '/', 't',
         'e', 's', 't', '/', 't', 'e', 's', 't', '.', 'h', 't', 'm', 'l']
```

使用 w 表示匹配小写字母 a～z、大写字母 A～Z、数字 0～9 之间的字符。

```
in       import re
         re8 = re.findall(r"\w","https://docs.Python.org/3/test/test123.html")
         print (re8)
```

out	['h', 't', 't', 'p', 's', 'd', 'o', 'c', 's', 'p', 'y', 't', 'h', 'o', 'n', 'o', 'r', 'g', '3', 't', 'e', 's', 't', 't', 'e', 's', 't', '1', '2', '3', 'h', 't', 'm', 'l']

使用 W 代表匹配除了字母与数字以外的特殊符号。

in	``` import re re9 = re.findall(r"\W","https://docs.Python.org/3/test/test123.html") print (re9) ```
out	[':', '/', '/', '.', '.', '/', '/', '/', '.']

电话号码 phone="1*5*8*1*0*3*3*6*1*1*0"，请用正则表达式将它变成 newphone="15810336110"。

in	```
	import re
	phone='1*5*8*1*0*3*3*6*1*1*0'
	ans = re.findall('\d+',phone)
	for i in ans:
	    print(i,end='')
	``

out	15810336110

四、正则表达式的高级用法

（一）修饰符

Python 的 re 模块中包含一些可选标志修饰符来控制匹配的模式。修饰符是可选的，如表 5-4 所示。多个标志可以通过按位 OR(|) 来指定，如 re.I | re.M 被设置成 I 和 M 标志。

表 5-4　re 模块中的修饰符及其作用

修饰符	作用
re.I	使匹配对大小写不敏感，忽略大小写
re.L	做本地化识别（locale-aware）匹配，使预定字符类 \w \W \b \B \s \S 取决于当前区域设定
re.M	多行模式，改变"^"和"$"的行为
re.S	点任意匹配模式，改变"."的行为
re.U	根据 Unicode 字符集解析字符。这个标志影响 \w \W \b \B
re.X	在这个模式下，正则表达式可以是多行的，忽略空白字符并可以加入注释

（二）通用匹配

在前文的实例中，我们看到了正则表达式的匹配模式、常用函数和简单的实例。对于字符串，如果出现空白字符用 \s 匹配，出现数字用 \d 匹配，除了此种方式，还可以使用通用匹配符 .*（点、星）。其中 .（点）可以匹配任意字符（除换行符之外），*（星）代表无限次匹配前面的字符。

我们来看下面的代码与输出结果。

| in | ```
import re

content = 'Hello 123 4567 World_This is a Regex Demo'
result = re.match(r'^Hello.*Demo$', content)
print(result)
print(result.group())
``` |
|---|---|
| out | ```
<_sre.SRE_Match object; span=(0, 41), match=' Hello 123 4567 World_This is a Regex Demo '>
Hello 123 4567 World_This is a Regex Demo
``` |

可以看到，group() 方法输出了匹配的全部字符串，因此，我们可以使用 .* 简化正则表达式的书写。

（三）贪婪与非贪婪

贪婪和非贪婪匹配是正则表达式中的两种匹配策略。

以使用 * 进行通用匹配为例，在贪婪匹配下，.* 会匹配尽可能多的字符，如果我们仅使用 .*，那么就会进行贪婪匹配；非贪婪匹配则指仅匹配 0 或 1 个字符或字符串，写法为 .*?。

下面的代码为贪婪匹配与输出的结果。

| in | ```
import re

content = 'Hello 1234567 World_This is a Regex Demo'
result = re.match(r'^He.*(\d+).*Demo$', content)
print(result)
print(result.group(1))
``` |
|---|---|
| out | ```
<_sre.SRE_Match object; span=(0, 40), match=' Hello 1234567 World_This is a Regex Demo '>
7
``` |

.* 尽可能匹配多的字符，匹配了 123456，使 \d+ 留下一个可满足条件的数字

7，最后得到的内容即为数字 7。

下面的代码为非贪婪匹配及输出的结果。

| in | ```
import re

content = 'Hello 1234567 World_This is a Regex Demo'
result = re.match(r'^He.*?(\d+).*Demo$', content)
print(result)
print(result.group(1))
``` |
|---|---|
| out | ```
<_sre.SRE_Match object; span=(0, 40), match=' Hello 1234567 World_This is a Regex Demo '>
1234567
``` |

此时，就可以成功获取 1234567。

还需要注意，如果匹配的结果在字符串结尾，使用 .*? 就有可能匹配不到任何内容，因为它会匹配尽可能少的字符，例如下面的代码及输出的结果。

| in | ```
import re

content = 'http://weibo.com/comment/kEraCN'
result1 = re.match(r'http.*?comment/(.*?)', content)
result2 = re.match(r'http.*?comment/(.*)', content)
print('result1:', result1.group(1))
print('result2:', result2.group(1))
``` |
|---|---|
| out | ```
result1:
result2: kEraCN
``` |

（四）转义匹配

正则表达式定义了许多匹配模式，如 "." 匹配除换行符以外的任意字符。如果目标字符串里面就包含 "."，就需要用到转义匹配了。当遇到用于正则匹配模式的特殊字符时，在前面加反斜线转义一下即可。例如，"." 可以用 "\." 来匹配，示例代码及运行结果如下所示。

| in | ```
import re

content = '(百度)www.baidu.com'
result = re.match(r'\(百度\)www\.baidu\.com', content)
print(result)
``` |
|---|---|
| out | `<_sre.SRE_Match object; span=(0, 17), match='(百度)www.baidu.com'>` |
```

可以看到，这里成功匹配到了原字符串。

第三节　XPath 相关库的安装与使用

lxml 是 Python 的一个解析库，支持对 HTML、XML、XPath 解析，而且解析效率非常高。在本节中，我们将使用 lxml 对 XPath 进行解析。

一、lxml 的安装

通常情况下，我们可以通过在 cmd 命令窗口执行 pip 命令来安装 lxml：pip install lxml。当然，我们也可以通过 wheel 文件安装 lxml，这里不再赘述。

使用 pip 安装 lxml 时，如果出现报错，比如提示缺少 libxml2 库等信息，可以采用 wheel 方式安装 lxml。

以下为部分 lxml 相关的网站，读者可访问配合本书学习。
- 官方文档：http://lxml.de
- GitHub：https://github.com/lxml/lxml
- PyPI：https://pypi.Python.org/pypi/lxml

二、etree 模块

etree 是 lxml 中最常用的模块之一，获得网页源代码后，可以通过 etree 进行解析，进而从源代码中提取关键信息。etree 通过 XPath 进行定位来解析 HTML、XML。

（一）Element 类

这是一个主要的类，大部分函数都通过它来调用。使用 Element 工厂函数很容易建立起一个 XML 树。Element 类函数的声明如下所示。

```
Element(_tag, attrib=None, **_extra)
```

其中，tag 是元素名；attrib 是元素属性字典，如果传入的不是字典，则会产生 TypeError；extra 是以关键字参数传递的额外参数，可传入多个，会覆盖 attrib 中相同键的值。该函数返回了 Element 创建接口，可以构建 Element 类型的 XML 元素。

（二）创建 Element 对象

（1）创建 XML 树。通过 Element 构造方法创建只含有一个元素的 XML 树，代码及输出结果如下所示。

```
in      from lxml import etree
        root = etree.Element("root")
        print(root.tag)
out     root
```

（2）添加子节点。添加子节点可使用 append 方法，代码及输出结果如下所示。

```
in      from lxml import etree
        root = etree.Element("root")
        root.append( etree.Element("child1") )
        print(etree.tostring(root))
out     b'<root><child1/></root>'
```

tostring() 为格式化字符串输出方法，可将节点以字符串的格式输出。除了 append 方法，SubElement 工厂函数也可以添加子节点，代码及结果使用如下所示。

```
in      from lxml import etree
        root = etree.Element("root")
        child2 = etree.SubElement(root, "child2")
        print(etree.tostring(child2))
out     b'<child2/>'
```

（三）属性设置与获取

（1）属性设置。节点可以设置属性，使用 Element() 函数在创建 XML 树时即可设置属性，如果我们要给 root 节点设置一个 name 属性，代码及结果如下所示。

```
in      from lxml import etree
        root = etree.Element("root",name='tag1')
        print(etree.tostring(root))
out     b'<root name="tag1"/>'
```

也可以使用 set() 方法设置属性，代码及结果如下所示。

```
in      from lxml import etree
        root = etree.Element("root")
```

```
                root.set("name","tag2")
                print(etree.tostring(root))
out             b'<root name="tag2"/>'
```

（2）属性获取。如果要获取某个节点的属性值，可以采用get()方法，代码及结果如下所示。

```
in              from lxml import etree
                root = etree.Element("root",name='tag1')
                print(root.get('name'))
out             tag1
```

也可以通过 .attrib 属性获取节点的属性值，使用 .attrib 可以获取节点属性及属性值，以字典格式展现，代码及结果如下所示。

```
in              from lxml import etree
                root = etree.Element("root",name='tag1')
                print(root. attrib)
                print(root.attrib['name'])
out             {'name': 'tag1'}
                tag1
```

（四）字符串与文件解析

etree 模块支持多种方式解析 XML，最常用的解析函数是 fromstring() 和 parse()。

（1）fromstring() 函数。fromstring() 函数可将字符串解析成 XML 树，我们定义一个 XML 树，然后使用 fromstring 对该字符串进行解析，代码及结果如下所示。

```
in              data = "<root>data</root>"
                from lxml import etree
                root = etree.fromstring(data)
                print(root)
out             <Element root at 0x4e690c8>
```

可以看到，字符串已经解析成了 Element 格式的 XML 树。

（2）XML() 函数。XML() 函数的功能类似于 fromstring() 函数，但主要用于 XML 文档的解析，我们使用该函数对 XML 文档进行解析，代码及结果如下所示。

```
in              xml_data='''
                <book>
```

```
            <title lang="en">Harry Potter</title>
            <author>J K. Rowling</author>
        </book>
        '''
        root = etree.XML(xml_data)
        print(root)
        print(etree.tostring(root))
out     <Element book at 0x4e74ec8>
        b'<book>\n    <title lang="en">Harry Potter</title>\n    <author>J K. Rowling</author> \n</book>
```

可以看到，字符串格式的 xml_data 已被解析成了 Eelement 格式的 XML 树。

（3）HTML() 函数。HTML() 函数类似于 XML() 函数，但主要用于 HTML 格式的文档，我们使用该函数对 HTML 文档进行解析，代码及结果如下所示。

```
in      text = '''
        <div>
        <li class="item-0"><a href="link1.html">first item</a></li>
        </div>
        '''
        html = etree.HTML(text)
        print(etree.tostring(html))
out     b'<html><body><div>\n<li class="item-0"><a href="link1.html">first item</a></li>\n</div>\n</body></html>'
```

可以看到，字符串格式的 text 已被解析成了 Element 格式的 HTML 树。

（4）parse() 函数。parse() 函数用于解析文件，通过解析后可返回一个 Element 类型的树对象，其函数声明如下所示。

```
parse(source, parser=None, base_url=None)
```

这里的 source 可以是文件名、文件路径，也可以是文件对象或类文件对象，还可以是 HTTP 或 FTP 协议格式的 url、parser 值解析器，包含 HTML 协议解析器等。当解析文件对象或类文件对象时，可使用 base_url 参数设置一个 url。下面，我们定义一个类文件对象并使用 parse() 函数进行解析，代码及结果如下所示。

```
in      from io import BytesIO
        file_like_bject = BytesIO(b"<root>data</root>")
        tree = etree.parse(file_like_bject)
        print(etree.tostring(tree))
out     b'<root>data</root>'
```

（五）XPath 实例

下面的代码即为使用 XPath 来对网页进行解析的过程。

```
from lxml import etree
text = '''
<div>
<ul>
<li class="item-0"><a href="link1.html">first item</a></li>
<li class="item-1"><a href="link2.html">second item</a></li>
<li class="item-inactive"><a href="link3.html">third item</a></li>
<li class="item-1"><a href="link4.html">fourth item</a></li>
<li class="item-0"><a href="link5.html">fifth item</a>
</ul>
</div>
'''
html = etree.HTML(text)
result= etree.tostring(html)
print(result.decode('utf-8'))
```

在上述代码中，我们必须导入 lxml 库，使用其中的 etree 模块。etree.HTML() 首先声明一段 HTML 文本，这里采用了 HTML 类进行初始化，构造出了一个 XPath 解析对象。但是，在上述代码中的 HTML 文本中，最后一个 li 节点是没有闭合的，不过可以使用 etree 模块自动修正 HTML 文本。我们利用 tostring() 方法输出修正后的 HTML 代码，得到 bytes 类型的结果以后，需要利用 decode 方法将其转成 str 类型。上述代码结果如下所示。

```
<html><body> <div>
<ul>
<li class="item-0"><a href="link1.html">first item</a></li>
<li class="item-1"><a href="link2.html">second item</a></li>
<li class="item-inactive"><a href="link3.html">third item</a></li>
<li class="item-1"><a href="link4.html">fourth item</a></li>
<li class="item-0"><a href="link5.html">fifth item</a>
</ul>
</div>
</body></html>
```

此时可以发现，li 节点标签在经过处理后变得不全，增补了 body、html 节点。另一方面，也可以直接获取文本文件，相关代码如下所示。

```
from lxml import etree
html = etree.parse('test.html', etree.HTMLParser())
result = etree.tostring(html)
print(result.decode('utf-8'))
```

其中，test.html 的内容就是上面例子中的 HTML 代码，内容如下所示。

```
<div>
<ul>
<li class="item-0"><a href="link1.html">first item</a></li>
<li class="item-1"><a href="link2.html">second item</a></li>
<li class="item-inactive"><a href="link3.html">third item</a></li>
<li class="item-1"><a href="link4.html">fourth item</a></li>
<li class="item-0"><a href="link5.html">fifth item</a>
</ul>
</div>
```

此次出现了不同的输出结果，出现了 DOCTYPE 的声明，但对解析无任何影响，结果如下所示。

```
<!DOCTYPE html PUBLIC "-//W3C//DTD HTML 4.0 Transitional//EN" "http://www.w3.org/TR/REC-html40/loose.dtd">
<html><body><div>
<ul>
<li class="item-0"><a href="link1.html">first item</a></li>
<li class="item-1"><a href="link2.html">second item</a></li>
<li class="item-inactive"><a href="link3.html">third item</a></li>
<li class="item-1"><a href="link4.html">fourth item</a></li>
<li class="item-0"><a href="link5.html">fifth item</a>
</li></ul>
</div></body></html>
```

三、获取节点

（一）所有节点

一般来说，我们使用"//"为起始的 XPath 规则去选取所有符合要求的节点。此处仍以前面的 HTML 文本为例，如果我们要选取所有的节点，相关代码及结果如下所示。

```
in      from lxml import etree
        html = etree.parse('test.html', etree.HTMLParser())
        result = html.xpath('//*')
        print(result)
out     [<Element html at 0x1fbadbf0048>, <Element body at 0x1fbadbf0088>,
        <Element div at 0x1fbadbf00c8>, <Element ul at 0x1fbadbf0108>,
        <Element li at 0x1fbadbf0148>, <Element a at 0x1fbadbf01c8>,
        <Element li at 0x1fbadbf0208>, <Element a at 0x1fbadc0b248>,
        <Element li at 0x1fbadc0b288>, <Element a at 0x1fbadbf0188>,
        <Element li at 0x1fbadc0b2c8>, <Element a at 0x1fbadc0b308>,
        <Element li at 0x1fbadc0b348>, <Element a at 0x1fbadc0b388>]
```

匹配所有节点，此处采用"*"符号来代表，即当前 HTML 文本中所有节点都将被获取，返回的是一个列表，列表中的元素为 Element 类型，html、body、div、ul、li、a 等为节点名称。

另外，也可指定节点名称进行相应的匹配。假如需要获取所有的 li 节点，使用"//"符号，然后添加节点名称，再调用 xpath() 方法即可。相关代码及结果如下所示。

```
in      from lxml import etree
        html = etree.parse('./test.html', etree.HTMLParser())
        result = html.xpath('//li')
        print(result)
        print(result[0])
out     [<Element li at 0x2f681ab01c8>, <Element li at 0x2f681ab0208>,
        <Element li at 0x2f681ab0248>, <Element li at 0x2f681ab0288>,
        <Element li at 0x2f681ab02c8>]
        <Element li at 0x2f681ab01c8>
```

（二）子节点

我们可通过"/"符号或"//"符号查找元素子节点或者子孙节点。现假设需选取 li 节点中所有的直接 a 子节点，用"//li"选中所有的 li 节点，用"/a"选中 li 节点中所有的直接子节点 a，二者相结合后即可获取 li 节点中所有的直接 a 子节点。相关代码及结果如下所示。

```
in      from lxml import etree
        html = etree.parse('./test.html', etree.HTMLParser())
        result = html.xpath('//li/a')
        print(result)
```

```
out     [<Element a at 0x1de07a71188>, <Element a at 0x1de07a711c8>,
         <Element a at 0x1de07a71208>, <Element a at 0x1de07a71248>,
         <Element a at 0x1de07a71288>]
```

注意，这里使用"/"符号选取直接子节点，若需获取所有的子孙节点，则应使用"//"符号。例如，获取 ul 节点下的所有子孙 a 节点，相关代码如下所示。

```
from lxml import etree
html = etree.parse('./test.html', etree.HTMLParser())
result = html.xpath('//ul//a')
print(result)
```

此时得到了相同的结果。

若此处使用"//ul/a"，则不能获取任何结果。因为"/"符号可获取直接子节点，但在 ul 节点下仅含 li 节点，并无直接的 a 子节点，因此不能获取任何匹配结果。所以，我们应注意"/"符号和"//"符号的用法和区别，"/"符号是用于获取直接子节点的，"//"符号则是用于获取子孙节点的。

（三）父节点

通过上一小节可知，使用连续的"/"或"//"可查找并获取子节点或子孙节点，那么，在已知子节点的情况下获取父节点，则可使用".."符号。

假设首先选取 a 节点，其 href 属性为 link4.html，采用".."符号获取其父节点，随后获取其 class 属性，相关代码及结果如下所示。

```
in      from lxml import etree
        html = etree.parse('./test.html', etree.HTMLParser())
        result=html.xpath('//a[@href="link4.html"]/../@class')
        print(result)
out     ['item-1']
```

同时，我们也可以通过"parent::"来获取父节点，代码如下所示。

```
from lxml import etree
html = etree.parse('./test.html', etree.HTMLParser())
result = html.xpath('//a[@href="link4.html"]/parent::*/@class')
print(result)
```

四、属性匹配与获取

（一）属性匹配

"@"符号能够在选取发生时过滤选取对象的属性。假设现需选取 class 为 item-1 的 li 节点，可加入了 [@class="item-0"]，即限制节点的 class 属性为 item-0，而 HTML 文本中符合条件的 li 节点只有两个，因此能得到两个匹配元素，代码及结果如下所示。

```
in      from lxml import etree
        html = etree.parse('./test.html', etree.HTMLParser())
        result = html.xpath('//li[@class="item-0"]')
        print(result)
out     [<Element li at 0x251bbcd0188>, <Element li at 0x251bbcd01c8>]
```

（二）属性获取

如果仅需获取节点的属性，则只用"@"符号进行获取。假设需要获取全部 li 节点中所有 a 节点的 href 属性，需要使用 @href 来实现，相关代码及结果如下所示。

```
in      from lxml import etree
        html = etree.parse('./test.html', etree.HTMLParser())
        result = html.xpath('//li/a/@href')
        print(result)
out     ['link1.html', 'link2.html', 'link3.html', 'link4.html', 'link5.html']
```

这里使用的方法和属性匹配有所区别，属性匹配使用中括号加属性名和值来获取某个属性，比如 [@href="link1.html"]，但这里的 @href 特指去获取某特定节点的某个属性。从结果可以看出，我们成功获取了所有 li 节点下 a 节点的 href 属性，它们以列表的形式返回。

（三）属性多值匹配

有时候，某些节点的某个属性可能有多个值，例如下面的代码。

```
from lxml import etree
text ='''
<li class="li li-first"><a href="link.html">first item</a></li>
```

```
'''
html = etree.HTML(text)
result = html.xpath('//li[@class="li"]/a/text()')
print(result)
```

此处可见，在 HTML 文本中，li 节点的 class 属性存在 li 和 li-first 两个值，若仍使用上述提及的属性匹配获取则无法进行匹配，代码运行后将得到下面的结果。

```
[]
```

这时就需要用 contains() 函数了，代码可以改写为如下所示的形式。

```
from lxml import etree
text ='''
<li class="li li-first"><a href="link.html">first item</a></li>
'''
html = etree.HTML(text)
result = html.xpath('//li[contains(@class, "li")]/a/text()')
print(result)
```

使用 contains()，第一个参数为属性名称，第二个参数为属性值，只要此属性包含了所传入的属性值，则能够匹配完成。此时运行结果如下所示。

```
['first item']
```

当在某节点中的某个属性具有多个值时，经常会采用 contains() 方法来获取。

（四）多属性匹配

当出现需要根据多个属性来确定一个节点的情况时，必须同时将多个属性进行相应地匹配，可以通过使用 and 运算符连接来实现。下面以 contains() 方法为例进行说明，相关代码如下所示。

```
from lxml import etree
text ='''
<li class="li li-first" name="item"><a href="link.html">first item</a></li>
'''
html = etree.HTML(text)
result = html.xpath('//li[contains(@class, "li") and @name="item"]/a/text()')
print(result)
```

从上述代码中可见，li 节点中多出了一个 name 属性。如果要确定这个节点，则要根据 class 和 name 属性来选择，class 属性中含有 li 字符串，name 属性中含有 item 字符串。注意：以上两个条件必须同时满足。此时应使用 and 运算符将其进行连接，进行条件的筛选。可得到如下所示的运行结果。

```
['first item']
```

and 运算符是 XPath 中的运算符，除此之外，还有如 or、mod 等运算符，表 5-5 介绍了其他运算符。

表 5-5　XPath 运算符及其介绍

运算符	描述	实例	返回值
or	或	age=19 or age=20	如果 age 是 19，则返回 true；如果 age 是 21，则返回 false
and	与	age>19 and age<21	如果 age 是 20，则返回 true；如果 age 是 18，则返回 false
mod	计算除法的余数	5 mod 2	1
|	计算两个节点集	//book | //cd	返回所有拥有 book 和 cd 元素的节点集
+	加法	6 + 4	10
-	减法	6 - 4	2
*	乘法	6 * 4	24
div	除法	8 div 4	2
=	等于	age=19	如果 age 是 19，则返回 true；如果 age 是 20，则返回 false
!=	不等于	age!=19	如果 age 是 18，则返回 true；如果 age 是 19，则返回 false
<	小于	age<19	如果 age 是 18，则返回 true；如果 age 是 19，则返回 false
<=	小于或等于	age<=19	如果 age 是 19，则返回 true；如果 age 是 20，则返回 false

续表

运算符	描述	实例	返回值
>	大于	age>19	如果 age 是 20，则返回 true；如果 age 是 19，则返回 false
>=	大于或等于	age>=19	如果 age 是 19，则返回 true；如果 age 是 18，则返回 false

表 5-5 参考来源为 http://www.w3school.com.cn/xpath/xpath_operators.asp。

五、文本获取

获取节点中的文本可使用 XPath 中的 text() 方法。以下代码为获取 li 节点中的文本，相关代码及结果如下所示。

```
in    from lxml import etree
      html = etree.parse('./test.html', etree.HTMLParser())
      result= html.xpath('//li[@class=''item-0'']/text()')
      print(result)
out   ['\r\n']
```

请注意，以上代码的运行结果仅获取了一个换行符，对于所要获取的文本并没有产生有效动作。原因是在以上代码里的 XPath 中，text() 的前面是"/"符号，这里的"/"符号为选取直接子节点，而 li 的直接子节点均为 a 节点，文本均处于 a 节点的内部，而自动修正的 li 节点的尾标签换行了，所以在此处匹配到的结果其实均为被修正的 li 节点内部的换行符，即选中的是这两个节点。

```
<li class="item-0"><a href="link1.html''>first item</a></li>
<li class="item-0''><a href="link5.html''>fifth item</a>
</li>
```

若想获取 li 节点内部的文本，可采用以下两种方式。

方法一，采用逐层选取的方法，第一步对 li 节点进行选取，随后使用"/"符号对其直接子节点 a 进行选取，最后选取文本，即可得到想要的结果，其内容均为属性 item-0 的 li 节点文本，相关代码及结果如下所示。

```
in    from lxml import etree
      html = etree.parse('./test.html', etree.HTMLParser())
      result= html.xpath('//li[@class=''item-0'']/a/text()')
      print(result)
```

· 177 ·

```
out        ['first item', 'fifth item']
```

方法二，选取到所有子孙节点的文本，先获取 li 的子节点中 a 节点的内部文本，再获取最后一个 li 节点的内部文本——换行符，相关代码及结果如下所示。

```
in         from lxml import etree
           html = etree.parse('./test.html', etree.HTMLParser())
           result= html.xpath('//li[@class=''item-0'']//text()')
           print(result)
out        ['first item', 'fifth item', '\r\n']
```

所以，如果想要获取子孙节点内部的所有文本，可直接用 "//" 加 text() 的方法，但会存在换行符等特殊符号；想要获取某些指定的子孙节点下的所有文本，则应先选取指定子孙节点，通过 text() 方法对内部文本进行获取，这样获取的结果就不存在特殊符号。

六、节点轴选择

XPath 提供了很多节点轴选择方法，包括获取子元素、兄弟元素、父元素、祖先元素等，例子如下所示。

```
from lxml import etree
text ='''
<div>
<ul>
<li class="item-0"><a href="link1.html"><span>first item</span></a></li>
<li class="item-1"><a href="link2.html">second item</a></li>
<li class="item-inactive"><a href="link3.html">third item</a></li>
<li class="item-1"><a href="link4.html">fourth item</a></li>
<li class="item-0"><a href="link5.html">fifth item</a>
</ul>
</div>
'''
html = etree.HTML(text)
result = html.xpath('//li[1]/ancestor::*')
print(result)
result = html.xpath('//li[1]/ancestor::div')
print(result)
result = html.xpath('//li[1]/attribute::*')
print(result)
```

```
result = html.xpath('//li[1]/child::a[@href="link1.html"]')
print(result)
result = html.xpath('//li[1]/descendant::span')
print(result)
result = html.xpath('//li[1]/following::*[2]')
print(result)
result = html.xpath('//li[1]/following-sibling::*')
print(result)
```

上述代码进行了 7 次节点轴的选择，运行结果如下所示。

```
[<Element html at 0x21a94037f08>, <Element body at 0x21a94037e88>, <Element div at 0x21a94037e48>, <Element ul at 0x21a94037f48>]
    [<Element div at 0x21a94037e48>]
    ['item-0']
    [<Element a at 0x21a94037e48>]
    [<Element span at 0x21a94037f48>]
    [<Element a at 0x21a94037e48>]
    [<Element li at 0x21a94037e88>, <Element li at 0x21a9407a808>, <Element li at 0x21a9407a7c8>, <Element li at 0x21a9407a848>]
```

根据结果，我们可以获知以下几项内容。

第一次，为获取所有祖先节点，使用了 ancestor 轴。ancestor 轴后紧跟两个冒号，冒号后方则为节点选择器，此处采用 "*" 符号来表示匹配所有节点，所以其返回结果为第一个 li 节点中的所有祖先节点，包括 html、body、div 和 ul。

第二次，添加限制条件，此处紧跟在冒号后方增加了 div，以得到 div 的祖先节点。

第三次，为获取所有的属性值，使用 attribute 轴，后方的选择器依旧为 "*" 符号以代表所获取节点的所有属性，其最终的返回值则为 li 节点的所有属性值。

第四次，为获取所有直接子节点，使用了 child 轴。此处再次添加了限制条件，以获得 href 属性为 link1.html 的 a 节点。

第五次，为获取所有子孙节点，使用了 descendant 轴。此处添加了限制条件，以获取 span 节点，因此返回的选取结果中只有 span 节点。

第六次，为获取当前节点之后的所有节点，使用了 following 轴。此处采用 "*" 符号进行匹配并与索引选择相结合，因此仅得到了第二个后续节点。

第七次，为获取当前节点之后的所有同级节点，使用了 following -sibling 轴。此处仍然使用 "*" 符号进行匹配，因此得到了所有后续同级节点。

以上是 XPath 轴的简单用法，更多轴的用法可以参考 http://www.w3school.com.cn/xpath/xpath_axes.asp。

第四节　综合案例

一、获取豆瓣最受欢迎的影评

豆瓣最受欢迎的影评包括评论者昵称、标题、评论内容等信息，为了分析豆瓣影评情感内容等，可以针对豆瓣影评进行评论数据的获取，而人工进行数据下载需要对照网页格式规范摘取以上信息，工作量大。这里，我们利用 requests 库和 XPath 解析来获取豆瓣最受欢迎的影评的相关内容，通过相关比较函数对内容正确性进行自动判断。

（一）目标

目标是要提取出豆瓣最受欢迎的影评中的昵称、标题、评论内容信息，自动统计第一页所有影评中点"有用"的总次数与点"没用"的总次数，避免人为计算带来大量耗时。

（二）准备工作

请确保已经正确安装了 requests 库。如果没有安装，可以参考第四章相关介绍的安装说明。

（三）抓取分析

我们需要抓取的目标站点为豆瓣最受欢迎的影评页面，打开之后便可以查看相关信息，如图 5-2 所示。

在这里，我们要获取豆瓣最受欢迎的影评中的昵称、标题、评论内容信息，自动统计第一页所有影评中点"有用"的总次数与点"没用"的总次数，计算出好评率，最后输出为 CSV 格式的文件。

图 5-2 豆瓣最受欢迎的影评信息

（四）获取首页

接下来，我们用代码实现获取首页这个过程。这里，首先导入 requests 库和 lxml 库的 etree 模块，使用了 get_one_page() 方法，以 root 参数作为返回结果。初步代码如下所示。

```
import requests
from lxml import etree

def get_one_page():

    head = {
            'Accept':'text/html,application/xhtml+xml,application/xml;q=0.9,image/webp,*/*;q=0.8',
        'Upgrade-insecure-Requests':'1',
        'User-Agent' :' Mozilla/5.0 (Windows NT 6.1) AppleWebKit/537.36 (KHTML, like Gecko) Chrome/49.0.2623.110 Safari/537.36',
        'Referer' :' https://movie.douban.com/review/best/',
        'Accept-Encoding' :' gzip, deflate, sdch',
        'Accept-Language' :' zh-CN,zh;q=0.8'
    }
    try:
        s = requests.get('https://movie.douban.com/review/best/',headers = head)
```

```
            s.raise_for_status()
            print(str(s.status_code)+',发送成功！')
        except:
            print(str(s.status_code)+',发送失败！')

        root = etree.HTML(s.text)
        return(root)
```

运行之后，可以成功获取豆瓣最受欢迎影评信息的源代码，并且应用 lxml.etree.HTML() 函数构造一个 XPath 解析对象。

（五）XPath 路径解析

接下来，在网页开发者模式下（按 F12 键）的 Elements 选项卡中定位到需要抓取的字段（如昵称、标题、评论内容），单击鼠标右键，选择"审查元素"命令，根据第五章相关的 XPath 的内容，找到自己需要的节点数据。图 5-3 所示为网页源代码。

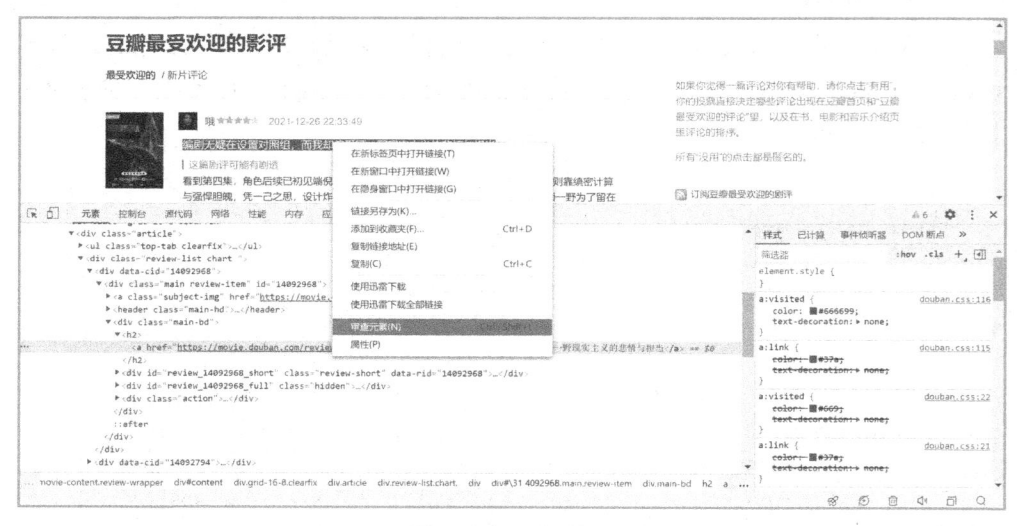

图 5-3　网页源代码

应用 xpath() 函数得到网页对应路径下的具体值（本例中为昵称、标题、评论，以及点击"有用"和"没用"的次数），针对部分有多余空格字符的字段进行处理，代码如下所示。

```
Nickname = root.xpath("//a[@class='name']/text()")   #评论用户昵称
Title    = root.xpath("//div[@class='main-bd']/h2//a//text()")   #评论标题
Content= [ ch.strip()  for ch in  root.xpath("//div[@class='short-
content']/text()") if ch.strip()!='' and ch.strip()!= ')']  #用户评论
    Up = [ int(ch.strip()) for ch in   root.xpath("//a[@class='action-btn
up']//span//text()") if ch.strip()!='']   #评论被标记"有用"的次数
    Down = [ int(ch.strip()) for ch in  root.xpath("//a[@class='action-btn
down']//span//text()") if ch.strip()!='']  #评论被标记"没用"的次数
```

（六）业务逻辑判断

首先计算好评率并保留两位小数，然后通过 Pandas 将结果保存至 result.csv 文件中，代码如下所示。

```
import pandas as pd
import numpy as np
data=pd.DataFrame({'nickname':Nickname,'title':Title,'content':Content,
'up':Up,'down':Down})
data['percent'] = np.round( data['up']/(data['up']+data['down']) ,2)
data.to_csv('result.csv')
data
```

最终的部分结果如图 5-4 所示。

	nickname	title	content	up	down	percent
0	哦	编剧无疑在设置对照组，而我却偏爱顾一野现实主义的悲情与担当	看到第四集，角色后续已初见端倪。另一个角色是阴差阳错打了信号弹立功，顾一野则靠缜密计算与强悍...	2858	28	0.99
1	安妮的小宝贝	王牌部队一部诚意满满的佳剧	就目前播出的两集来看，节奏很好，有紧，有慢，而且进展很快，内容充实。搞得我连上厕所都不好去...	911	33	0.97
2	even	上海神话	本来写了一篇正经影评，列出了一些疑问，但想想又删掉了。因为我想，导演又不是上海人，没有义务...	379	94	0.80
3	姑娘很幸运	看了前几集，谈谈感受	王牌部队这部剧我真的觉得很有意义，其实军旅题材想要拍好很难，因为大家都知道军旅剧就是要去展现...	488	17	0.97
4	浮出水面的正道	《爱情神话》带给我的愉悦。	我一直很喜欢伍迪艾伦、诺亚·波拜克（《婚姻故事》、《百老匯風流記》）和葛莉塔·賽麗絲·潔薇（...	475	11	0.98
5	朝着雪	1	耽误大家1分钟的时间，我简单说两句。电影开头不缝衔接《蜘蛛侠2》片尾ախ现...	38	2	0.93
6	思路乐	唯有影像的倾诉是可被确认的真实	一直很反感现如今主流三维动画电影中对于「拟真感」走火入魔般的追求。从《玩具总动员》诞生后的...	140	22	0.86
7	第四国际主义	导演:我们专门去了纽约哈林区布鲁克林和皇后区采风，在当地看到的黑人就是这样的，希望黑人朋友...	鲍勃是一个住在纽约哈林区的非洲商单身留学少年，喜欢吃西瓜炸鸡喝葡萄汽水，父母都在皇后区工作。...	48	1	0.98

图 5-4 部分结果

到此为止，我们实现了豆瓣最受欢迎的影评信息数据的抓取，并且针对部分存在冗余字符的字段进行了处理，同时计算了好评率。实际程序还可以设计多页面批量抓取、用户可视化界面设计两个环节，限于篇幅，此处不再赘述。

二、获取 95598 工单信息

在介绍该案例之前，我们需要注意，在部分电网企业中，大批量获取 95598 工单信息可能对系统造成一定的风险，因此，使用此类自动化程序获取电网企业内部数据，需要向相关管理部门申请备案并做好相应的风险防范措施。

95598 工单包括受理时间、受理内容等信息，为了保证工单数据规范、好用，在日常工单处理中，对工单分类模板、工单处理时间逻辑等有严格要求，工单审核人员需要对照审核规范填写工单处理信息，工作要求高，工作量大。这里，我们利用 requests 库和 XPath 解析来获取 95598 工单的相关内容，通过相关比较函数对内容正确性进行自动判断。

（一）目标

目标是提取 95598 工单信息中的受理时间和处理时间信息，根据工单审核的规范性要求，自动比对受理时间是否在处理时间之前，实现时间逻辑问题自动发现，提升工单质量，为基层工单审核人员减轻负担。

（二）准备工作

请确保已经正确安装了 requests 库。如果没有安装，可以参考第四章相关内容的安装说明。

（三）获取分析

我们需要获取的目标站点为 95598 工单详细信息页面，打开之后便可以查看到相关信息，如图 5-5 所示。在这里，我们要获取工单受理时间和工单处理时间，判断受理时间和处理时间的逻辑关系是否正确。

（四）获取首页

接下来，我们用代码实现获取首页这个过程，获取工单信息页的内容。这里，首先导入 requests 库和 lxml 库的 etree 模块，使用 get_one_page() 方法并以 root 参数作为返回结果。初步代码如下所示。

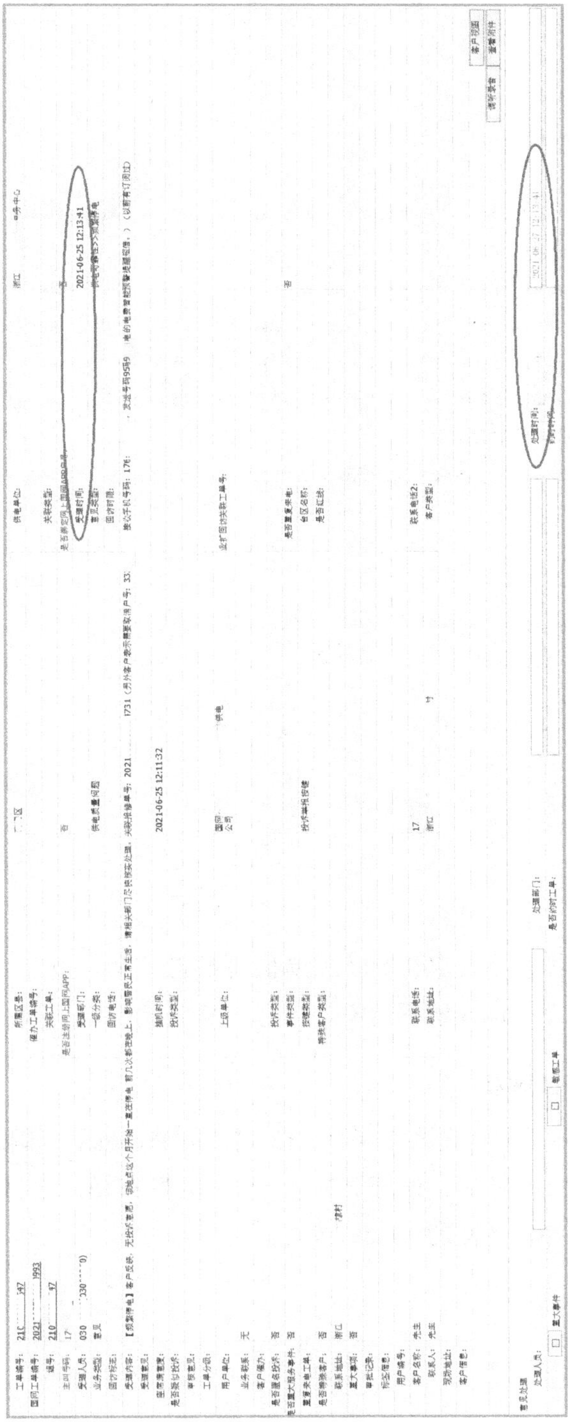

图 5-5　95598 工单信息

```
import requests
from lxml import etree

def get_one_page():

    head = { 'Accept':'text/html,application/xhtml+xml,application/xml;q=0.9,image/webp,*/*;q=0.8',
        'Upgrade-insecure-Requests':'1',
        'User-Agent':'Mozilla/5.0 (Windows NT 6.1) AppleWebKit/537.36 (KHTML, like Gecko) Chrome/49.0.2623.110 Safari/537.36',
    'Referer':'http://95598.****.cn/****?redirect=true&kind=logon&%20U=1601****015',#内部地址脱敏处理
        'Accept-Encoding':'gzip, deflate, sdch','Accept-Language':'zh-CN,zh;q=0.8'
        }
    try:
        s = requests.get('http://95598.****.cn/****?****&appNo=2021****993',headers = head)#内部地址脱敏处理
        s.raise_for_status()
        print(str(s.status_code)+',发送成功！')
    except:
        print(str(s.status_code)+',发送失败！')

    root = etree.HTML(s.text)
    return(root)
```

运行之后，可以成功获取95598工单信息的源代码，并且应用lxml.etree.HTML()函数构造一个XPath解析对象。

（五）XPath 路径解析

接下来，在网页开发者模式下（按F12键）的Elements选项卡中定位到需要抓取的字段（如受理时间、处理时间），单击鼠标右键，选择Copy → Copy XPath命令，得到待抓取字段的XPath路径。

应用 xpath() 函数得到网页对应路径下的具体值（本例中为受理时间和处理时间值），代码如下所示。

```
slsj = root.xpath('//*[@id="handleTime"]')[0].text  #受理时间
clsj = root.xpath('//*[@id="serviceHandleCon0"]')[0].text  #处理时间
```

（六）业务逻辑判断

应用 datetime.datetime.strptime() 函数对获取的时间进行格式化，应用 datetime.timedelta() 函数判断受理时间和处理时间的逻辑关系是否正确，代码如下所示。

```
slsj = datetime.datetime.strptime(slsj.strip(), "%Y-%m-%d %H:%M:%S")
    if slsj+datetime.timedelta(minutes=30)
<dt and slsj+datetime.timedelta(days=8)>clsj:
        print ("1.处理时间在受理时间30分钟以后,8天以内-----------正确\n")
    else:
        print ("1.处理时间太早了------------------------------错误\n")
```

到此为止，我们实现了 95598 工单信息数据的获取，并且按照"处理时间在受理时间 30 分钟以后，8 天以内"的规则对时间逻辑进行判断。实际程序运行过程还要提供 95598 系统登录、用户可视化界面设计两个环节，限于篇幅，此处不再赘述。

◀ 本章小结 ▶

本章介绍了 Python 正则表达式和 lxml 库的安装与使用。通过对本章的学习，读者可利用 XPath 进行网络数据的抓取和解析。

参考文献

[1] 李海舰,李燕.对经济新形态的认识:微观经济的视角[J].中国工业经济,2020(12):159-177.

[2] Wamba S F,Akter S,Guthrie C. Making big data analytics perform: the mediating effect of big data analytics dependent organizational agility[J]. Systèmes d'information et Management,2020,25(2):7.

[3] 焦豪,杨季枫,王培暖,等.数据驱动的企业动态能力作用机制研究——基于数据全生命周期管理的数字化转型过程分析[J].中国工业经济,2021(11):19.

[4] 吕云翔,李伊琳,王肇一.Python数据分析实战[M].北京:清华大学出版社,2019.

[5] Wamba, S. F., S. Akter, L. Trinchera, and M. De Bourmont. Turning information Quality into Firm Performance in the Big Data Economy[J]. Management Decision,2019,57(8):1756-1783.

[6] 龚贺,许双成.国家电网公司协同办公系统研究与应用[J].电力信息化,2011,09(2):64-69.

[7] 崔庆才.Python3网络爬虫开发实战[M].北京:人民邮电出版社,2018.

[8] 王继业.电力大数据技术及其应用[M].北京:中国电力出版社,2017.

[9] 张涛.从零开始学Scrapy网络爬虫[M].北京:机械工业出版社,2019.

[10] 虫师.Selenium3自动化测试实战:基于Python语言[M].北京:电子工业出版社,2019.

[11] Ben Forta.正则表达式必知必会[M].门佳,等,译.北京:人民邮电出版社,2019.

[12] 翁正秋,张雅洁.Python语言及其应用[M].北京:电子工业出版社,2018.

[13] 王继业,郭经红,曹军威,等.能源互联网信息通信关键技术综述[J].智能电网,2015(6):473-485.

[14] 王家凯,王继业.基于IEC标准的电力企业公共数据模型的设计与实现[J].中国电力,2011,44(2):87-90.

[15] 王继业，张崇见. 电力信息资源整合方法综述 [J]. 电网技术，2006，30(9)：83-87.

[16] 朱朝阳，王继业，邓春宇. 电力大数据平台研究与设计 [J]. 电力信息与通信技术，2015，13(6)：1-7.

[17] 赖征田. 电力大数据 [M]. 北京：机械工业出版社，2016.

[18] 李军. 大数据：从海量到精确 [M]. 北京：清华大学出版社，2014.

[19] 鲍亮，李倩. 实战大数据 [M]. 北京：清华大学出版社，2014.

[20] 吴凯峰，刘万涛，李彦虎. 基于云计算的电力大数据分析技术与应用 [J]. 中国电力，2015，48(2).

[21] 王春毅. 电力行业的大数据发展解析 [J]. 电力信息化，2013，11(2)：8-9.

[22] 赵刚. 大数据：技术与应用实践指南 [M]. 北京：人民邮电出版社，2014.

[23] 沈杰. 数据可视化在大数据时代中的应用探究 [J]. 电子世界，2014(23)：10.

[24] 王余蓝. 图形数据库 NEO4J 与关系数据库的比较研究 [J]. 现代电子技术，2012(10)：77-79.

[25] 冯艳茹. Python 语言在大数据分析中的应用 [J]. 电脑知识与技术（学术版），2020，16(24):3.